David Roberts · Romantische Reise durch biblische Länder

Titel der niederländischen Originalausgabe:
„rondreis door bijbelse landen",
erschienen bei der Uitgeversmaatschappij J. H. Kok, Kampen.
Deutsch von Elly Grothof-Nouwen

Umschlagentwurf: A. Zagt
Satz: vom Schemm & Müller GmbH, Solingen
Druck und Einband: Mohndruck Graphische Betriebe GmbH, Gütersloh

ISBN 3-417-24301-7

David Roberts

Romantische Reise durch biblische Länder

Text von Sipke van der Land

R. BROCKHAUS VERLAG WUPPERTAL

Drawn on Stone from Life by C. Baugniet, London, 1844.

„Dies ist wirklich das schönste Leben, das es gibt . . .
morgens früh das Zelt abbrechen und die Kamele beladen
. . . und wieder weiter auf dem Weg zu neuen, wichtigen Orten."

(Tagebuch von David Roberts, 1838)

1. Söhne der Wüste

Das Leben der Beduinen mutet uns schön und romantisch an. Sie wandern mit ihren Herden umher und schlagen ihre Zelte auf, wo sie wollen, denn sie kennen keine Grenzen. Sie sind eng mit der Natur verbunden und haben ihre eigenen Sitten und Gesetze, diese wandernden Hirten, denen Raum und Zeit im Überfluß zu gehören scheint.

Die Söhne der Wüste leben vielfach noch genau so wie vor vielen tausend Jahren. Wie David Roberts sie im letzten Jahrhundert malte, so werden sie heute von Touristen photographiert. Roberts hatte eine Gruppe bewaffneter Begleiter bei sich, die im Vordergrund zu sehen sind. Sie hatten runde Zelte. Dahinter sind die langgestreckten schwarzen Zelte der Beduinen sichtbar.

Ein solches Bild ruft die Geschichten der biblischen Erzväter in Erinnerung. Abraham wird lebendig, der Mann, der mit Hab und Gut, mit einer großen Familie und großen Herden sicher tausend Kilometer durch die Wüste zurücklegte – von Mesopotamien nach Kanaan. Er ließ sich in dieser Gegend nieder, weil er als erster an den einen Gott glaubte. Dieser Gott rief ihn zu einem großartigen Auftrag und einer großartigen Zukunft.

Die Bibel erzählt: „Da erschien der Herr dem Abram und sprach: Deinen Nachkommen will ich dies Land geben. Und er baute dort einen Altar dem Herrn, der ihm erschienen war. Danach brach er von dort auf ins Gebirge östlich der Stadt Bethel und schlug sein Zelt auf, so daß er Bethel im Westen und Ai im Osten hatte, und baute dort dem Herrn einen Altar und rief den Namen des Herrn an. Danach zog Abram weiter ins Südland“ (1. Mose 12,7–9).

Mount Seir
Wady el Ghor March 4th 1839

2. Hebron, eine der ältesten Städte

Man braucht kein Künstler zu sein, um von der Schönheit dieser Landschaft überwältigt zu werden. Aber ein Künstler kann wiedergeben, was er sieht und was ihn beeindruckt. Hier liegt eine der ältesten Städte der Welt vor uns!

Hebron ist die Stadt, in der die drei großen Erzväter Abraham, Isaak und Jakob gewohnt haben und wo sie alle drei in der Höhle von Machpela begraben wurden. Dieser Höhle gegenüber erhebt sich eine Moschee, deren Mauern mit Texten aus dem Koran beschrieben sind, die Abraham verherrlichen. Er ist ja „der Vater aller Gläubigen" an den einen Gott, und auch die Moslems verehren ihn als ihren Vater. Wo die Bäume in der Landschaft verstreut sind, da wuchs gewiß auch der Baum, unter dem der Patriarch sein Zelt aufschlug.

Um heilige Orte wie diesen (die Stadt hieß auch Kirjath-Arba und Mamre) ranken sich immer viele Geschichten. So besagt eine Legende, Adam und Eva hätten hier gewohnt, nachdem sie aus dem Paradies vertrieben worden waren. Verständlich, denn dieses Gebiet erinnert schon ein wenig an das Paradies. Die Bibel berichtet, daß Josua hier gewohnt hat; daß David hier mehr als sieben Jahre als König von Juda regiert hat, bevor er König über das ganze Volk wurde; daß Absalom hier den Aufstand gegen seinen Vater anzettelte usw.

Aber Hebron ist vor allem die Stadt der Erzväter. Das ist historisch gesichert. Damit ist klar: Die Erzväter gehören nicht in den Bereich der Mythen und Sagen, sondern sie stehen mit beiden Beinen auf dem Boden der Geschichte.

3. Pyramiden am Nil

Eine friedliche Szene am Nilufer. Vor fünftausend Jahren ist es an dieser Stelle hektischer zugegangen. Damals wurden hier in Gizeh, einige Kilometer vom heutigen Kairo entfernt, die Pyramiden gebaut. Die größte von ihnen (rechts) ist die Cheopspyramide, die aus zwei Millionen Steinblöcken von je 2500 kg Gewicht besteht! Alle Blöcke wurden diesseits des Flusses aus den Bergen gehauen und mit Flößen auf die andere Seite transportiert. Man hat ausgerechnet, daß hunderttausend Sklaven ungefähr zwanzig Jahre hier gearbeitet haben müssen. Dazu kamen dann noch die zwei kleineren Pyramiden, für einen Sohn und ein anderes Familienmitglied des Pharaos, und die ganz ,,kleinen'' für seine Mutter und Tochter.

Wozu dienten die Pyramiden? Reisende im Mittelalter hielten sie für die Vorratsscheunen, in denen Joseph das Korn für die sieben mageren Jahre gelagert hatte. Später meinte man, sie seien als Fluchthügel für die Perioden der Nilüberflutung gebaut, oder es handle sich um Tempel für den Sonnengott oder um Sternwarten. Seit man jedoch ins Innere dieser Bauwerke eingedrungen ist, sind viele Rätsel gelöst worden. Da gibt es ein System von Gängen und Schächten und Räumen; den Mittelpunkt bildet die Königskammer, in der die Mumie des Pharaos beigesetzt ist. Pyramiden sind also Grabmonumente. Die ägyptischen Herrscher waren Götter und mußten sich deshalb verewigen. Sie beschäftigten sich während ihres ganzen Lebens mit dem Tod, denn schon am Anfang ihrer Regierung wurde mit dem Bau der Pyramide begonnen. Nach ihrem Tod wollten sie ihr Leben fortsetzen. Dazu bekamen die Mumien alles Nötige mit: Diener und Hausgenossen, aber auch Lebensmittel für längere Zeit. So versuchten sie, den Tod ein bißchen lebenswert zu machen. Sie regierten sozusagen weiter. Davon zeugen diese Pyramiden.

Einst waren die Ufer dicht mit Papyrus, einer Art Schilfrohr, bewachsen; aber heutzutage gibt es, wie schon zur Zeit David Roberts', hier keine Rohrrispen mehr. Doch mit etwas Phantasie kann man sich vorstellen, daß hier einmal ein Kästchen aus Schilfrohr zwischen dem Papyrus trieb, das einen kleinen Jungen enthielt: Mose, den zukünftigen ägyptischen Fürsten, der später der Führer des befreiten Sklavenvolkes werden sollte.

4. Pharao Ramses der Große

Abu Simbel liegt in der südlichen Provinz Assuan am westlichen Ufer des Nils, nahe der Grenze mit dem Sudan. Abu Simbel – zu der Zeit, als dieses Bild entstand, war dieser Name nahezu unbekannt. Die drei Tempel wurden erst 1812 entdeckt, und in den Jahren 1816–1817 wurden sie ausgegraben, allerdings noch unvollständig, denn das Bild beweist, daß 1836 noch vieles verborgen war. Heute sind auch die großen Sockel zu sehen, auf denen die Statuen stehen, sowie die schöne Zeichenschrift darauf. Die Statuen sind mit enormen Sägen losgesägt und unter einer Kuppel aufgestellt worden.

Abu Simbel – heute ein Ort, an dem zahllose Touristen der Hitze trotzen, um diese monumentalen Figuren zu sehen. Die Statuen sind 20 Meter hoch und – wie der Tempel, der sich dahinter verbirgt – aus behauenem Sandstein der Klippen an den Ufern des Nils gebaut. Die Innenräume sind mit herrlichen farbigen Reliefs geschmückt, die wichtige Ereignisse aus dem Leben Ramses II. darstellen, des „Pharaos des Auszuges". Er ist der Herrscher, der schließlich das Sklavenvolk der Hebräer ziehen lassen mußte – der Freiheit entgegen, in das Gelobte Land.

Alle vier Statuen stellen Ramses II. dar – in vollem Ornat mit der doppelten Reichskrone und dem Königstuch darunter. An den Beinen stehen Frauenfiguren, die seine Frau und seine Töchter darstellen. Wenn man am Fuße dieser mächtigen Statuen steht, muß man einfach beeindruckt sein von so viel Macht und Majestät. Die gewaltigen Füße wollten das Sklavenvolk zertreten; aber der übermenschliche Herrscher war auch nur ein Mensch . . .

Der Künstler klagte darüber, daß „Cockney-Touristen und Yankee-Reisende" ihre Namen in die Statuen gekratzt hätten (das gab es also schon damals!); aber unten am rechten Fuß der linken Statue hat sich auch David Roberts verewigt und als Mitglied der Königlichen Akademie mit „R(oyal) A(cademy)" gekennzeichnet – allerdings erst im Atelier!

5. Die vergangene Herrlichkeit des Ramses

Da liegt der gewaltige Torso einer Statue, die ursprünglich aufrecht stand und siebzehn Meter hoch war! Sie wog mehr als tausend Tonnen. Es ist unvorstellbar, wie die alten Ägypter ein solches Monument bauen konnten. Fast ebenso unglaublich ist, daß die koptischen Christen es viele Jahrhunderte später zerstören konnten, als sie die Spuren des „Heidentums" ausradieren wollten. Ganz gelang ihnen das nicht, wie man hier sieht. Und so kann man überall in Ägypten staunen über Giganten der Geschichte wie zum Beispiel Ramses II.

Dieser Pharao hat ein langes Leben gehabt. Er ist ungefähr neunzig Jahre alt geworden und hat etwa 1301–1234 v. Chr. regiert. Er war ein großer Baumeister, aber er hat die Forscher vor manches Rätsel gestellt: Sein Name ist in so viele Bauwerke aus verschiedenen Perioden eingemeißelt, daß sie unmöglich alle auf ihn zurückgehen können. Es dauerte lange, bis man des Rätsels ganz einfache Lösung fand: Er war so eitel, seinen Namen auch auf Gebäude schreiben zu lassen, die Jahrhunderte vor ihm gebaut worden waren!

Die Stadt, die seinen Namen trägt, Ramses, ist auch aus der Bibel bekannt. Sie ist eine der Vorratsstädte, die die hebräischen Zwangsarbeiter im Nildelta bauen mußten: „Da zwangen die Ägypter die Kinder Israel unbarmherzig zum Dienst und machten ihnen ihr Leben sauer mit schwerer Arbeit in Ton und Ziegeln . . ." (2. Mose 1,13–14).

Auch andere Völker wurden durch den Pharao unterjocht. So hat man Abbildungen gefunden, auf denen Libyer, Syrer, Hethiter und Philister zu erkennen sind. Gefangene, die sich buchstäblich zu Tode arbeiten mußten. Und nun schaut man sich die vergangene Herrlichkeit dieses Herrschers an und denkt dabei an die Hunderttausende von Menschen, die für diesen Glanz geopfert wurden.

6. Quellen und Oasen

Es wird wohl immer umstritten bleiben, welche Route das Hebräervolk nahm, als es aus Ägypten auszog. Es ist durch ein Gewässer gezogen, das Schilfmeer, aber auch Rotes Meer genannt worden ist. Im Laufe der Jahrhunderte haben sich zudem die Gewässer im Bereich des Nildeltas stark verändert, vor allem seit dem Bau des Suezkanals. Roberts' Bild stellt die „Quellen des Mose" dar, wie die Bevölkerung diesen Ort an der Ostseite des Golfes von Suez, nahe der Küste, heute noch nennt. Es gab zu seiner Zeit ungefähr zwanzig Palmbäume und etwa zehn Quellen. Heute ist „Ajun Musa" (der arabische Name) eine ausgedehnte, üppige Oase mit Hunderten von Palmen und zahlreichen Brunnen.

Der Künstler schrieb in sein Tagebuch: „Wo sich jetzt eine einzige Karawane labt, wurde einst der Durst von Millionen gestillt." Das 2. Buch Mose berichtet nämlich: „Und sie (die Israeliten) wanderten drei Tage in der Wüste und fanden kein Wasser . . . Und sie kamen nach Elim; da waren zwölf Wasserquellen und siebzig Palmbäume. Und sie lagerten sich dort am Wasser" (2. Mose 15,22.27). Das war allerdings nicht der Ort, der hier abgebildet ist. Man meint heute, daß Elim mit der Oase Gharendel oder der Oase Wadi Firan zu identifizieren sei, viel weiter entfernt vom nördlichsten Punkt des Roten Meeres.

Am östlichen Ufer des Golfes von Suez, also im Westen der Sinaiwüste, befindet sich eine warme Quelle, die Chaman Pharaun genannt wird. Der arabische Name bedeutet: „die heißen Gewässer des Pharaos". Einer Legende zufolge ist durch die Wut und die Angst des Pharaos das Wasser so heiß geworden! Das Heer der Ägypter blieb mit allen seinen Kampfwagen im Wasser stecken, nachdem das Volk Israel „trockenen Fußes" hindurchgeführt worden war. „So errettete der Herr an jenem Tag Israel aus der Ägypter Hand. Und das Volk fürchtete den Herrn, und sie glaubten ihm und seinem Knecht Mose" (2. Mose 14,30.31).

7. Der Fels des Mose

Ein so auffälliger Felsblock mußte einfach zur Bildung von Legenden Anlaß geben. Und man brachte ihn denn auch in Zusammenhang mit der berühmten Geschichte aus 2. Mose 17 mit ihrem eindringlichen Erzählstil:

„Und die ganze Gemeinde der Kinder Israel zog aus der Wüste Sin weiter ihre Tagereisen, wie ihnen der Herr befahl, und sie lagerten sich in Raphidim. Da hatte das Volk kein Wasser zu trinken. Und sie haderten mit Mose und sprachen: Gib uns Wasser, daß wir trinken. Mose sprach zu ihnen: Was hadert ihr mit mir? Warum versucht ihr den Herrn? Als aber dort das Volk nach Wasser dürstete, murrten sie wider Mose und sprachen: Warum hast du uns aus Ägypten ziehen lassen, daß du uns, unsere Kinder und unser Vieh vor Durst sterben läßt?

Mose schrie zum Herrn und sprach: Was soll ich mit dem Volk tun? Es fehlt nicht viel, so werden sie mich noch steinigen. Der Herr sprach zu ihm: Tritt hin vor das Volk und nimm einige von den Ältesten Israels mit dir und nimm deinen Stab in deine Hand, mit dem du den Nil schlugst, und geh hin. Siehe, ich will dort vor dir stehen auf dem Fels am Horeb. Da sollst du an den Fels schlagen, so wird Wasser herauslaufen, daß das Volk trinke. Und Mose tat so vor den Augen der Ältesten von Israel.

Da nannte er den Ort Massa und Meriba, weil die Kinder Israel dort gehadert und den Herrn versucht und gesagt hatten: Ist der Herr unter uns oder nicht?“

8. Im Sinaigebirge

Beduinen haben im wilden Bergland des Sinai ihre Zelte aufgeschlagen. Es ist fast unbegreiflich, daß Mensch und Tier unter diesen schwierigen Bedingungen leben können. Aber sie sind vertraut mit der Natur im Süden dieser unwirtlichen Halbinsel. Sie kennen die Möglichkeiten und die Unmöglichkeiten und die Großartigkeit dieser Landschaft. Und sie haben sich immer mit einem kargen, aber freien Dasein begnügt.

Wie die Wüstenbewohner heute umherziehen, taten sie das schon zu der Zeit, als David Roberts hier war. Und auch das befreite Sklavenvolk Israel zog so umher. Wie wenig hat sich in all den Jahrhunderten verändert!

In biblischer Zeit lebten hier die Amalekiter, die erbitterten Feinde der vordringenden Israeliten. Man denke an den Kampf, den Josua und seine Männer gegen sie führen mußten, wobei die aufgehobenen Hände des Mose dafür sorgten, daß Israel die Oberhand behielt und gegen Sonnenuntergang den Sieg „durch des Schwertes Stärke“ (2. Mose 17,13) errang.

Wie viele Kriege sind hier geführt worden! Bis hin zum Kampf zwischen israelischen und ägyptischen Truppen 1965, dem Sechstagekrieg 1967 und dem Yom Kippurkrieg 1973. 1979 wurde das Gebiet auf friedlichem Wege an Ägypten zurückgegeben, und die vielen zerstörten Panzer und anderes Kriegsmaterial versinken in der Nachbarschaft der mächtigen Bergmassive des Sinai im Nichts. Die Geschichte lehrt wichtige Lektionen, genau wie der Sinai selbst, aber sie ist eine harte Schule.

9. Am Fuße des Horeb

Dies ist der Horeb, der Berg Sinai oder der Mosesberg („Dschebel Musa“ sagen die Araber). Unnahbar ragen die steilen Berggipfel empor, und man kann verstehen, warum das Volk Israel vom „Berge Gottes“ sprach. Es ist hier viel geschehen zwischen Himmel und Erde, zwischen Gott und Mensch: Mose empfing die Zehn Gebote, die unvergänglichen Grundgesetze für ein verantwortungsvolles Leben in Harmonie mit Gott und den Nächsten. Vor mehr als dreitausend Jahren den Menschen gegeben, sind sie noch immer aktuell!

Mose blieb vierzig heiße Tage und vierzig kalte Nächte auf dem Berg, so berichtet es das zweite Buch der Bibel. Strahlend vor Freude kam er dann mit zwei Tafeln aus Stein, auf denen die Gebote standen, nach unten. Da traf er jedoch auf ein Volk, das um das Goldene Kalb tanzte und dem stummen Tier zusang: „Du hast uns erlöst aus Ägypten!“ Die Gebote waren schon gebrochen, bevor Mose sie auf den Felsen zertrümmerte. Doch sie wurden von neuem gegeben – für jenes Volk, für alle Völker, für jene Zeit, für alle Zeiten.

Wie eine große viereckige Festung liegt das Katharinenkloster am Fuß des Horeb. Es ist nach der Heiligen Katharina genannt, einer Märtyrerin der ägyptischen Christenheit (4. Jahrhundert, Alexandria). Der Gebäudekomplex ist in der Tat eine Festung gewesen, denn die Mönche mußten sich gegen die Überfälle der Wüstenstämme schützen. Viele Jahrhunderte lang (auch zu der Zeit, als Roberts hier Skizzen machte), konnte man nur in einem Korb, der über die Mauer gezogen wurde, ins Innere gelangen. Dies diente nicht nur der Sicherheit der Mönche, sondern auch dem Schutz der kostbaren Kunstschätze, die innerhalb der Klosteranlage zu finden sind, insbesondere Bücher und Ikonen.

10. Innerhalb der Klostermauern

Das Katharinenkloster ist am Ort des brennenden Dornbusches gebaut worden, sagen die Mönche, die sich selbst deshalb „die Hüter des brennenden Dornbusches“ nennen. Die Geschichte ist bekannt: Der hebräisch-ägyptische Prinz Mose konnte die Sklaverei seines Volkes nicht mehr mit ansehen. Er erschlug einen ägyptischen Sklaventreiber, flüchtete ins Land Midian und sah dort eines Tages einen brennenden Busch, der nicht verbrannte. Hier hörte er die Stimme Gottes, die ihm zurief: „Ich bin der Gott Abrahams, der Gott Isaaks und der Gott Jakobs. Ich habe das Geschrei meines Volkes gehört. Ich will sie erretten aus Ägypten und sie in ein Land bringen, in dem Milch und Honig fließen“ (2. Mose 3,6–8).

Wenn man die Kapelle des brennenden Dornbusches betritt, muß man sich die Schuhe ausziehen, so wie Mose das tun mußte: „denn der Ort, darauf du stehst, ist heiliges Land“ – heilig, weil Gott sich Mose hier zum erstenmal offenbarte. Unter dem Altar liegen keine Reliquien von Heiligen, wie das sonst der Fall ist, sondern die Wurzeln des Dornbusches, von dem die Mönche behaupten, daß er der einzige seiner Art sei auf der ganzen ägyptischen Halbinsel.

Das Kloster wurde im Jahre 527 vom byzantinischen Kaiser Justinian gegründet. Im Laufe der Jahrhunderte hat man vieles erweitert und verändert, aber immer wieder haben Mönche diesen einsamen und heiligen Ort aufgesucht, um Gott nahe und der bösen Welt fern zu sein. Doch wohnten früher hier vierhundert Mönche, sind es heute nur noch zwölf. Sie schaffen die Arbeit nicht allein, aber sie haben genügend Araber eingestellt, um den täglichen Touristenstrom zu bewältigen. Die meisten Besucher kommen im Rahmen einer Tagestour per Flugzeug. Andere übernachten im Kloster, das genügend leere Zimmer hat!

Wenn man das breite Tal hinter dem Kloster sieht, kann man sich gut vorstellen, wo das Volk Israel seine Zelte aufschlug, bevor es die Zehn Gebote erhielt. Auf Arabisch heißt das Tal El Raha, d. h. die Ruhestätte.

11. Das Innere der Klosterkirche

„Wahrscheinlich die älteste und reichste aller Kirchen im Osten", notierte Roberts, als er dieses Bild gezeichnet hatte. Die Arbeit des Künstlers gestaltete sich hier sehr mühsam, denn sooft er um die Erlaubnis zum Zeichnen bat, war der Schlüssel verschwunden, oder die Mönche hatten andere Ausreden. Schließlich nahm er seinen Malblock unter seiner Jacke versteckt zu einem Gottesdienst mit, und die Klosterbrüder konnten ihn nicht stören, weil sie ja ihre heiligen Rituale durchführen mußten. „Und auf diese Weise vollendete ich meine Skizze."

Die Mönche sind noch immer sehr wachsam, denn die Bibliothek (die älteste noch existierende der Welt) umfaßt eine Sammlung von Handschriften, die von unschätzbarem Wert sind: griechische, slawische, arabische, georgische, usw. Im Jahre 1844 (nur fünf Jahre nach dem Besuch von Roberts) entdeckte der deutsche Gelehrte Tischendorf hier den „Codex Sinaiticus", eine griechische Übersetzung der Bibel aus dem 4. Jahrhundert. Sie war Jahrhunderte älter als die älteste bis dahin bekannte Handschrift, und genaue Untersuchungen zeigten, wie wenig Fehler sich im Laufe der Zeit in spätere Handschriften eingeschlichen hatten. Die Mönche weisen gern auf eine Erklärung Tischendorfs hin, in der er verspricht, das Manuskript zurückzubringen – das sich seither im British Museum in London befindet! Außer solchen kostbaren Handschriften enthält die Bibliothek noch fünftausend gedruckte Bücher, von denen viele aus den ersten Jahren der Buchdruckkunst stammen.

Die Ikonengalerie umfaßt zweitausend Kunstwerke aus allen Perioden der Geschichte der Ikonenmalerei. Die ältesten stammen aus dem sechsten Jahrhundert, aber die meisten sind vom elften bis fünfzehnten Jahrhundert entstanden, in der Blütezeit der Ikonografie. Besucher können heute zu bestimmten Zeiten mehr als hundert Ikonen besichtigen – unter strengen Sicherheitsmaßnahmen, nicht nur aus Furcht vor Diebstahl oder Beschädigung, sondern auch zum Schutz vor Witterungseinflüssen.

12. Aufstieg zum Berg Sinai

Steile Pfade führen zum Gipfel des Berges Sinai, und wir sehen hier eine kleine Karawane auf einem der flacheren Teilstücke. Der Künstler war tief beeindruckt von den Sonnenaufgängen und -untergängen in diesem Gebirge, und damit steht er nicht allein. Heutzutage steigen Touristengrüppchen ganz früh am Morgen, wenn es noch dunkel ist, mit Taschenlampen bewaffnet, den Berg hinauf, um dort einen Sonnenaufgang mitzuerleben. Es ist ein unvergeßliches Erlebnis, wenn das erste Licht über die imposanten Berggipfel emporsteigt und man dort gewissermaßen zwischen Himmel und Erde steht. Es ist fast unwirklich: Zeit und Raum scheinen aufgehoben.

Man wird an Mose erinnert, der seinem Gott auf eine sehr persönliche Art und unter sehr besonderen Umständen begegnete, „und alles Volk wurde Zeuge von dem Donner und Blitz und dem Ton der Posaune und dem Rauchen des Berges. Als sie aber solches sahen, flohen sie und blieben in der Ferne stehen und sprachen zu Mose: Rede du mit uns, wir wollen hören; aber laß Gott nicht mit uns reden, wir könnten sonst sterben. Mose aber sprach zum Volk: Fürchtet euch nicht, denn Gott ist gekommen, euch zu versuchen, damit ihr's vor Augen habt, wie er zu fürchten sei, und ihr nicht sündigt. So stand das Volk von ferne, aber Mose nahte sich dem Dunkel, darinnen Gott war" (2. Mose 20,18–21).

Durch diese Offenbarung und durch die Zehn Gebote hat der Sinai für die Menschen aller Jahrhunderte einen einzigartigen Stellenwert bekommen.

13. Die Pforte des Himmels

Hier sind wir 2244 Meter über dem Meeresspiegel und 715 Meter über dem Katharinenkloster! 3750 Treppenstufen sind aus dem Felsen gehauen worden. Mönche sollen diese Arbeit vor langer Zeit als Bußleistung vollbracht haben. Dann kommt man endlich zu einer Pforte, die auch „die Pforte des Himmels“ genannt wird.

Früher spielte sich an dieser Pforte eine merkwürdige Szene ab: Wenn ein Mönch mit einer Gruppe von Touristen hier ankam, kniete er nieder und betete. Danach nahm er den Wanderern einzeln die Beichte ab. Wer sich weigerte, wurde nicht zum Gipfel gelassen.

Vielleicht ist das der Grund, weshalb die ägyptischen Behörden im 19. Jahrhundert einen anderen Weg anlegen ließen, der zwar länger, aber längst nicht so schwierig ist und den man auch mit dem Esel oder Kamel zurücklegen kann. Diesen Weg haben, wie Bild 12 andeutet, offenbar auch David Roberts und seine Mitreisenden eingeschlagen.

Gegenüber dem Mosesberg erhebt sich der Katharinenberg, und auch diesen Gipfel kann man in einem fünfstündigen Fußmarsch vom Kloster aus besteigen. Dort steht eine kleine Kapelle, die der Heiligen Katharina gewidmet ist, deren Gebeine dort angeblich gefunden wurden. Später wurden die Reliquien ins Kloster überführt, das ihren Namen trägt.

14. Kapellen und Geschichten

Die Aussicht vom Gipfel des Mosesberges ist wirklich atemberaubend! David Roberts erwähnt, daß er sogar einen Teil des Golfes von Akaba habe sehen können. Zu seiner Zeit standen auf dem Berg zwei kleine Kapellen brüderlich nebeneinander, rechts eine christliche, links eine muslimische. Beide Stätten waren ähnlich gebaut, und beide waren „sehr verfallen durch Vernachlässigung und durch die Stürme, denen sie ausgesetzt waren". Sie sind mittlerweile eingestürzt. Im Jahre 1934 wurde eine neue Kapelle gebaut aus Steinen, die von der Kirche stammten, die im Jahre 532 von Kaiser Justinian dort errichtet worden war und die im Laufe der Jahrhunderte oft verwüstet wurde.

Der Berggipfel gilt auch bei Muslimen als heilig, denn die Legende erzählt, daß der Prophet Mohammed auf seinem heiligen Kamel in einer Nacht zum Berg Ararat (in der Türkei) und zurück ritt und zwischendurch hier, auf dem Gipfel des Sinai, kurz rastete. Man zeigt, unweit der Kapellen, den Abdruck eines Kamelhufes als Beweis, erzählt Roberts. Er fügt hinzu, solche Legenden seien nicht ungewöhnlich. So werde zum Beispiel in Ceylon (dem heutigen Sri Lanka) ein riesiger Fußabdruck als der Fuß Adams gezeigt! Es läßt sich hinzufügen, daß auf dem Ölberg in Jerusalem in einer kleinen Kapelle ein angeblicher Fußabdruck Jesu gezeigt wird, in Kupfer gefaßt, an der Stelle, wo er vor seiner Himmelfahrt zum letzten Mal die Erde berührt haben soll. Wenn die Phantasie zu blühen beginnt, sprießen auch die Legenden, und die Leichtgläubigen haben wieder ein neues Stückchen Glauben . . . sogar dort oben auf dem Sinai, wo angesichts der großartigen Schöpfung alle menschlichen Geschichten verblassen.

& Mahomedan Chapels on the Summit of Sinai Feby 20th 1839
David Roberts. R.A

15. Die Eliakapelle

Fromme Menschen haben immer versucht, die Geschichten der Bibel so genau wie möglich zu lokalisieren. In der Kapelle, die Mose gewidmet ist (voriges Bild), zeigt man in der nördlichen Ecke eine Nische, die Gott Mose angewiesen habe, wie in 2. Mose 33 beschrieben: „Und der Herr sprach weiter: Mein Angesicht kannst du nicht sehen; denn kein Mensch wird leben, der mich sieht. Und der Herr sprach weiter: Siehe, es ist ein Raum bei mir, da sollst du auf dem Fels stehen. Wenn dann meine Herrlichkeit vorübergeht, will ich dich in die Felskluft stellen und meine Hand über dich halten, bis ich vorübergegangen bin."

Ähnlich hat man es mit jener anderen eindrucksvollen Gestalt des Alten Testaments gehalten, dem Propheten Elia, dem die Kapelle auf dieser Abbildung gewidmet ist. Er mußte vor König Ahab und der berüchtigten Königin Isebel fliehen und zog mutlos in die Wüste. Er wanderte vierzig Tage und Nächte weiter zum Gebirge Gottes, dem Horeb. Dort übernachtete er in einer Höhle, und dort erschien ihm Gott. Obwohl das Gebirge voller Höhlen und Spalten ist, zeigt man die Grotte links hinten in der kleinen Kapelle als den historischen Aufenthaltsort des Elia.

„Und ein großer, starker Wind, der die Berge zerriß und die Felsen zerbrach, kam vor dem Herrn her; der Herr war aber nicht im Winde. Nach dem Wind aber kam ein Erdbeben; aber der Herr war nicht im Erdbeben. Und nach dem Erdbeben kam ein Feuer; aber der Herr war nicht im Feuer. Und nach dem Feuer kam ein stilles sanftes Sausen" (1. Könige 19, 11.12). Und dann erschien Gott, der Herr, dem Propheten und gab ihm neue Aufträge und neuen Mut.

16. Am Grab des Aaron

Die ganze Reisegesellschaft ist am Grab des Aaron angekommen, wo sie sich aber offensichtlich nicht lange aufhalten will. Die meisten werden nicht einmal hineingehen, denn man durfte nur auf bloßen Füßen hinein, „und das ist nicht angenehm an einem Ort, wo Skorpione und Schlangen sich gerne aufhalten", erzählt Roberts, der auch berichtet, daß das Grab von Christen und „sogar" von Mohammedanern verehrt werde.

Nach dem 4. Buch Mose befindet sich Aarons Grab auf dem Berg Hor, dem Dschebel ennebi Harun oder Aaronsberg, wie die Araber sagen. Dieser Berg erhebt sich 1329 Meter über der Araba, in der Nähe des alten Petra im Landstrich Edom.

Aaron war drei Jahre älter als sein Bruder Mose. Er trat meistens als Wortführer auf und war einer der Führer des Volkes durch die Wüste. Er wurde mit seinen Söhnen zum Priesteramt auserwählt. „Und als die ganze Gemeinde sah, daß Aaron tot war, beweinten sie ihn dreißig Tage, das ganze Haus Israel" (4. Mose 20,29).

David Roberts R.A.
Louis Haghe Lith
Tomb of Aaron, Summit of Mount Hor, March 6th 1839

17. Das Jordantal

„Der Anblick, der sich uns bot, als wir aus den felsigen Hügeln herauskamen, war unvergeßlich. Das Jordantal erstreckte sich zu unseren Füßen in der ganzen Schönheit eines orientalischen Abends. Das Tote Meer, das silbrige Band des hurtigen Jordan, das man eben sehen konnte, die heiteren Farben des Pilgerlagers, leuchtend in den letzten Strahlen der untergehenden Sonne – all das war mehr für einen Dichter als für einen Maler geschaffen."

So begeistert beschreibt der Künstler den Blick aus dem Gebirge von Juda zum tiefsten und heißesten Punkt der Erde am Toten Meer. Man kommt hier aus dem Hochland von Jerusalem zu einer Tiefe von 399 Metern unter dem Meeresspiegel, während der See selbst noch einmal 433 Meter tief ist.

Dieses Gebirge war in biblischen Zeiten berüchtigt wegen der Banditen, die hier ihr Unwesen trieben. Denken wir an das Gleichnis vom barmherzigen Samariter, in dem ein Reisender in dieser Gegend überfallen wird und halbtot liegenbleibt. Am Ma'alee-Adunim, dem Roten Paß, so genannt wegen der rötlichen Farbe des Bodens, finden sich noch Reste der sogenannten „Herberge des barmherzigen Samariters", die Roberts auch in seiner Reisebeschreibung nennt. Er berichtet, daß es noch immer ein berüchtigter Weg sei. Heute ist das anders, denn ein Militärlager befindet sich hier. Der Reisende wird von Soldaten kontrolliert, weil das Gebiet zu dem von Israel besetzten Jordanufer gehört. Früher markierte der Paß, ungefähr zehn Kilometer vor Jerusalem, die Grenze zwischen den Stammesgebieten Judas und Benjamins. Der Weg von Jerusalem nach Jericho war immer sehr wichtig, war er doch Teil einer Straße in die Länder des Euphrats und nach Persien und Indien.

18. Eine Reise nach Jericho

„Das Klima ist extrem heiß und besonders ungesund für Fremde", seufzte Roberts, als er in Jericho war. Zu seiner Zeit war es ein ärmliches Dörflein, während heute dort zehntausend Menschen wohnen. Die alte biblische Stadt war „ganz verschwunden, bis auf einige Fundamente von Stadtmauern". Mitten im Bild ist ein sarazenischer Turm zu sehen und links daneben die Ruine einer christlichen Kirche. Ungefähr dort lag das alte Jericho.

In unserer Zeit ist viel mehr zu sehen, denn am Anfang des zwanzigsten Jahrhunderts wurden beispiellose Ausgrabungen durchgeführt, die die alte Stadt freilegten. Man fand zehn Meter hohe Überreste eines steinernen Turmes, der auf 10 000 Jahre vor Christus datiert worden ist. Damit ist Jericho die älteste befestigte Stadt der Welt. Es wurde auch eine grausame Einzelheit entdeckt: Die Stadtmauer war errichtet worden über dem Leichnam des ältesten Königssohnes und der Turm über dem des jüngsten Sohnes (siehe das 1. Buch Könige, Kapitel 16, Vers 34). Auf diese Weise zeigte der Herrscher, daß er sogar seine eigenen Kinder den Göttern opfern wollte. Trotzdem sind die uneinnehmbaren Mauern Jerichos gefallen . . . und zwar, als das Volk Israel aus der Wüste hier ins Gelobte Land hineinkam und die erste Stadt eroberte, wobei es auf wunderbare Weise von einer starken Hand geführt wurde.

19. Pilgerlager bei Jericho

Der Gouverneur von Jerusalem, Achmed Aga, hatte den schottischen Maler eingeladen, unter seiner persönlichen Führung dem Toten Meer, dem Jordan und Jericho einen Besuch abzustatten. Eine starke militärische Schutzeskorte begleitete die Gruppe, denn „die Gegend hat immer noch ihren alten Charakter der Gesetzlosigkeit". Andere Pilger schlossen sich an. Das Zelt des Gouverneurs steht in der Mitte, und die anderen Zelte sind im Hintergrund. Der Abend naht, und alle machen sich fertig für die Nacht. David Roberts konnte nicht einschlafen und schrieb in sein Tagebuch:

„Ich lag im Zelt, und durch die Öffnung blickte ich zu den vielen Lämpchen an den vielen Zelten hinüber und staunte über die Menschen verschiedener Konfessionen, die hier zusammen waren, um Orte zu besuchen, die den Christen so lieb sind. Viele kommen aus entlegenen Winkeln des Russischen Reiches, und ganz in meiner Nähe sitzt eine Gruppe schwarzer Abessinier mit ihren blanken Turbanen.

Gegen zwei Uhr morgens wurde die Menge geweckt, und um drei Uhr gab ein Gewehr den Startschuß. Der Gouverneur setzte sich aufs Pferd, und wir taten es ihm gleich. Wir folgten direkt auf seinen Fersen. Vor dem Gouverneur trug man Lichter her. Der Mond wurde zeitweilig von schweren Wolken verdunkelt. Wir zogen in der Stille weiter, und der schwere Tritt der Pilger war das einzige Geräusch, das die Stille der Wüste störte. Der Tag brach langsam an, und die Szene wurde dadurch noch faszinierender . . ."

20. Am Ufer des Toten Meeres

Da liegt das Tote Meer, von der öden Verlassenheit der Wüste Juda aus gesehen. Auf der anderen Seite erheben sich die Berge des Landes, das in der Bibel Moab genannt wird. Das Salzmeer hat eine Gesamtlänge von 75 Kilometern und ist nirgendwo breiter als 15 Kilometer.

Das Tote Meer ist wirklich tot – kein Vogel, kein Fisch, nichts. Aber die Gelehrten haben im See dennoch viele Mikroorganismen entdeckt. Das Wasser ist heilkräftig, und schon Herodes der Große ist hierher gekommen, um im Salzwasser und in den heißen Mineralquellen eine Kur zu machen. Vielleicht bedeckte er seinen Körper auch mit dem schwarzen Schlamm, wie es heutzutage Tausende Europäer und Amerikaner tun, um von ihren Hautkrankheiten oder anderen Leiden – oft mit Erfolg – befreit zu werden.

Im Vordergrund liegt das Kloster Mar Saba. Einen einsameren Ort kann man sich kaum ausdenken, aber das Wort „Mönch" ist ja schließlich von dem griechischen Wort für „allein" abgeleitet. Es gibt noch ein anderes Kloster am Toten Meer, von dessen Existenz Roberts nichts wußte, das heute aber von allen Touristen und Pilgern besucht wird: das Kloster von Qumran, das 1951 nicht weit vom Ufer ausgegraben wurde. Im gleichen Gebiet wurden die Rollen vom Toten Meer gefunden, darunter die berühmte Buchrolle des Propheten Jesaja. Diese Rolle liefert wichtiges Beweismaterial für die historische Zuverlässigkeit der Bibel. Im Kloster Qumran lebten die Essener, die ihre Buchrollen an langen Tischen im sogenannten Scriptorium schrieben, das man gefunden hat, komplett ausgerüstet mit Tintenfässern; das Ganze ist ungefähr zweitausend Jahre alt! Im Vergleich damit ist das Kloster im Vordergrund, mag es noch so eindrucksvoll gebaut worden sein, ganz unbedeutend, wie heilig die Saba auch gewesen sein mag!

The Dead Sea
looking towards Moab

21. Tauchbäder im Jordan

„Als wir uns dem Fluß näherten, fingen alle an zu laufen, und die Frauen stießen Schreie des Entzückens aus. Sogar die schwerbeladenen Kamele waren nicht mehr zu halten. Ein junger Grieche wurde vom Strom mitgerissen und ertrank vor unseren Augen. Jung und Alt, Männer und Frauen, waren bald im Fluß, eine große Menge. Manche riskierten den Tod durch Ertrinken."

Mit diesen Worten beschreibt Roberts sein Bild, und er erwähnt auch einen merkwürdigen Brauch, den er selber für ziemlich abergläubisch hält: Beim Baden im Jordan hüllte man sich in ein weißes Gewand, das man anschließend sein ganzes Leben lang aufbewahrte und das schließlich als Totenkleid verwendet werden sollte. Das macht man heute nicht mehr, aber man kauft Flaschen mit Jordanwasser, dem heilende und andere wohltuende Wirkungen zugeschrieben werden, was nicht weniger abergläubisch ist. Doch man kann sich vorstellen, daß dieser Fluß die Phantasie immer sehr angeregt hat, weil Johannes der Täufer hier taufte und weil Jesus hier getauft wurde.

„Jordan" bedeutet: herabsinkender Strom. Er entspringt am Fuße des Berges Hermon, windet sich in vielen Schleifen und hat ein Gefälle von nicht weniger als 900 Metern, bis er ins Tote Meer fließt. Der Fluß ist 350 Kilometer lang, obwohl die Quelle nach Luftlinie nur 200 Kilometer von der Mündung entfernt ist. Plinius schrieb: „Der Jordan lungert ein bißchen herum, weil er keine Lust hat, zu sterben."

David Roberts R.A.
Banks of the Jordan April 2nd 1839.

22. Die Oase En-Gedi

Ein kleiner Bach entspringt ungefähr zweihundert Meter über dem Spiegel des Toten Meeres. So entstand eine herrliche Oase in der Wüste Juda am Ufer des Sees. Es rauschen klare Wasserfälle in einem schmalen Gürtel reicher Vegetation. Zu biblischen Zeiten gab es hier sogar Weingärten, denn das Hohelied singt: ,,Mein Freund ist mir eine Traube von Zypernblumen in den Weingärten von En-Gedi" (Kapitel 1, Vers 14). Die wohlriechende weiße Zypernblume hat Blätter, die Henna liefern, und sie war die ,,Brautblume" des Alten Orients. Deshalb wird sie im ,,Brautbuch" Hohelied erwähnt.

Die Bibel spricht von den ,,Bergfesten En-Gedis", wo David sich mit einem Heer Verbannter aufhielt, als er vor König Saul flüchten mußte. Hier war er in sicherer Entfernung von Jerusalem, im unnahbaren Gebirge, aber dennoch versorgt mit frischem Wasser und in einer fruchtbaren Umgebung. Aber der König folgte ihm auch hierhin. David schonte das Leben des ersten Königs Israels. Als er die unverhoffte Chance bekam, ihn in einer Höhle zu töten, tat er es nicht, aus Respekt vor Gottes Gesalbtem, auch wenn der König wegen seiner Untreue Gott gegenüber verworfen worden war. David schnitt mit seinem Schwert unbemerkt einen Zipfel des königlichen Mantels ab und zeigte es kurze Zeit später dem König von einem der Felsen, die wir hier sehen. Daraufhin sagte Saul: ,,Der Herr vergelte dir Gutes für das, was du heute an mir getan hast! Nun siehe, ich weiß, daß du König werden wirst und das Königtum über Israel durch deine Hand Bestand haben wird" (1. Samuel 24,20).

Hier zieht Roberts' Reisegruppe über den Bergpaß am Kloster vorbei zum Toten Meer. ,,Mein Reisegefährte hatte die Berge des Libanon und Persien durchkreuzt, und ich hatte früher die Schweizer Alpen durchquert, aber keiner von uns hatte je einen solch schwierigen und gefährlichen Paß gesehen."

Convent of S. Saba.

23. Ankunft in Nablus

Roberts wurde regelrecht lyrisch, als er sich der Stadt Nablus näherte. „Ein überwältigender, ja fast unvergleichlicher Anblick überraschte unser Auge. Das ganze Tal war voller Gärten und Grün und Obstgärten mit allen möglichen Früchten, bewässert durch verschiedene Quellen, die an verschiedenen Stellen entspringen und in erfrischenden Strömen nach Westen fließen. Es war wie ein plötzliches Entzücken für uns. Wir haben in ganz Palästina nichts gesehen, was hiermit zu vergleichen wäre."

Der Name Nablus ist eine arabische Entstellung des Namens, den die Römer der Stadt gaben: Neapolis, die „Neue Stadt". Im Alten Testament hieß die Stadt Sichem und im Neuen Testament Sychar. Sie wird zuerst in 1. Mose 12 erwähnt: „Und Abram durchzog das Land bis an die Stätte bei Sichem, bis zur Eiche More; es wohnten aber zu der Zeit die Kanaaniter im Lande. Da erschien der Herr dem Abram und sprach: Deinen Nachkommen will ich dies Land geben. Und er baute dort einen Altar dem Herrn, der ihm erschienen war" (1. Mose 12,6.7). Zur Zeit der Eroberung Kanaans kam Josua mit den Stämmen Israels hierher. Später wurde es die Hauptstadt des Stammes Ephraim.

Nablus ist die „Hauptstadt" des von Israel besetzten westlichen Jordanufers. Die Bevölkerung ist leicht reizbar, wenn es um politische Angelegenheiten geht, jedoch freundlich Touristen gegenüber. Das Tal ist immer noch sehr schön, so daß der heutige Besucher ebenfalls begeistert ist, selbst wenn ihm die Ausdrucksweise Roberts' etwas übertrieben vorkommen mag.

24. Dort liegt Samaria

Die prächtige Szene mit den Pferden und Reitern im Vordergrund lenkt fast vom Hintergrund ab. Das war jedoch nicht beabsichtigt, denn Roberts schrieb begeistert über die alte Hauptstadt Israels, Samaria:

„Ich war einfach entzückt, als wir langsam dem gewundenen Weg nach oben folgten, um den Berg herum. Es überwältigte mich vollkommen, wie alles in die Klarheit eines orientalischen Sonnenunterganges getaucht war. Wenn die verlassenen Ruinen der Stadt das Auge schon so sehr entzücken können, wie muß der Effekt erst gewesen sein, als der Berg übersät war mit den Tempeln und Palästen des Herodes!"

Herodes benannte die Stadt in Sebaste um, zu Ehren des Kaisers Augustus, dessen Name auf Griechisch Sebastos lautete. Das arabische Dorf neben den Ruinen heißt immer noch Sebastije.

Der Name Samaria ist abgeleitet vom Namen des Eigentümers, Semer, von dem König Omri den Berg kaufte (1. Könige 16), um an dieser strategischen Stelle eine Stadt und eine Festung zu bauen. Zwei Jahrhunderte (bis 772 v. Chr.) war Samaria die Hauptstadt der zehn Stämme Israels, des Nordreiches. Die ganze Zeit über war es ein Zentrum für Abgötterei, so daß es immer wieder durch Propheten wie Elia und Amos gewarnt wurde und schließlich unterging.

Heute finden sich dort eindrucksvolle Ruinen aus verschiedenen Zeiten: Ein römisches Theater des ersten Jahrhunderts; ein runder Turm aus der griechischen Zeit; eine israelitische Stadtmauer von ungefähr 750 v. Chr.; Paläste des Ahab, des berüchtigten Königs, der „tat, was dem Herrn mißfiel, mehr als alle, die vor ihm gewesen waren" (1. Könige 16,30).

25. Die Kirche Johannes' des Täufers

Eine weitere ländliche Szene am Fuße des Berges, auf dem Samaria lag. Von dieser Seite aus sind noch die imposanten Säulen einer christlichen Kirche zu sehen, die nach Johannes dem Täufer benannt war. Ihm waren sogar zwei Kirchen geweiht – eine ungefähr im vierten Jahrhundert, die andere im sechsten Jahrhundert. Man verehrte dort die Gräber Obadjas, Elisas und Johannes' des Täufers, und natürlich sind mit diesen byzantinischen Kirchen auch viele Überlieferungen verknüpft. Matthäus berichtet uns vom Tod des Johannes am Geburtstag des Königs Herodes. Damit ist nicht gesagt, wo das geschah. Aber Samaria (Sebaste) war von Herodes wieder aufgebaut worden, so daß es da gewisse Verbindungen gibt. Der jüdische Historiker Flavius Josephus erzählt, Johannes sei östlich des Toten Meeres enthauptet worden, in der Felsenfestung Machaerus; aber die Überlieferung sagt, er sei in Sebaste eingesperrt, gefoltert und enthauptet worden. Es ist durchaus denkbar, daß seine Jünger ihn hier in Samaria bestattet haben.

Flavius Josephus sagt über Johannes den Täufer: „Zu der Zeit lief unter den Juden ein wunderlich gekleideter Mann herum, denn sein Körper war mit Tierhäuten bedeckt, soweit er nicht mit seinem eigenen Haar bedeckt war . . . Er kam zu den Juden und brachte ihnen die befreiende Botschaft: Gott hat mich zu euch gesandt, euch den Weg des Gesetzes vorzuhalten, der euch von den vielen Herren befreit; und kein Sterblicher wird über euch regieren, sondern allein der Allerhöchste, der mich gesandt hat . . .

Und als die Menschen das hörten, waren sie froh . . . Und weiter tat er nichts an ihnen, außer daß er sie untertauchte im Jordanfluß und sie wegschickte, nachdem er sie ermahnt hatte, sich böser Taten zu enthalten; denn dann würden sie einen König bekommen, der sie befreien würde . . ." („Der Fall Jerusalems").

David Roberts 1839
Ruins of The Church of S. John. Sebaste.

26. Zwischen Ebal und Garizim

Nablus liegt vor uns, eine Stadt, die seit Jahrhunderten von Samaritanern bewohnt ist. Sie sind Nachkommen der Mischbevölkerung, die hier entstand, nachdem das Nordreich Israel von den Assyrern in die Gefangenschaft geführt worden war und die wenigen Übriggebliebenen sich hier mit anderen Völkern vermischten. Sie selber behaupten, die einzigen echten Juden zu sein. Sie besitzen „das älteste Buch der Welt", eine Rolle des Pentateuchs, angeblich über 3600 Jahre alt, geschrieben 13 Jahre nach dem Tod Moses. Sie zeigen das Buch gerne in ihrer Synagoge im westlichen Stadtteil von Nablus. Sie erkennen nur die ersten fünf Bibelbücher, die 5 Bücher Mose, als heilige Schriften an. Ihre Gesetze sind streng, und es ist ihnen verboten, außerhalb ihrer eigenen Gemeinschaft zu heiraten. Darunter hat die Gemeinschaft offensichtlich gelitten, denn es gibt nur noch fünf Sippen. Obwohl der Stamm schon vom völligen Untergang bedroht war, zählt er jetzt wieder fünfhundert Personen, die ausschließlich in Nablus und im Dorf Golon bei Tel Aviv leben.

Auf der rechten Seite erhebt sich der Berg Ebal, der Berg des Fluches. Auf der linken Seite ragt der Berg Garizim hervor, der Berg des Segens (5. Mose 11). Und so liegt die Stadt zwischen Fluch und Segen. Auf dem Garizim hatten die Samariter einen eigenen Tempel, weil sie mit Jerusalem nichts zu tun haben wollten. Der wurde im Jahre 129 v. Chr. verwüstet.

Ein besonderes Schauspiel bietet jedes Jahr das Passafest, wenn alle Samaritaner den Garizim besteigen und dort eine ganze Woche lang Schlachtopfer und andere Opfer darbringen. Touristen dürfen den Feierlichkeiten beiwohnen. Alle Samaritaner tragen dann weiße Kleider als Erinnerung an die Kleidertracht, die die Israeliten beim Auszug aus Ägypten trugen.

27. Der Jakobsbrunnen in Sichem

Östlich der Stadt Nablus liegt das biblische Sichem oder Sychar. Dort fand David Roberts nur einige steinerne Treppenstufen, Reste einer Kreuzritterkirche. Heute stehen dort die starken Mauern einer Klosterkirche in Kreuzform, die nie zu Ende gebaut wurde: Das Dach fehlt. Dort, wo der Altar stehen sollte, kann man unter Aufsicht eines griechisch-orthodoxen Priesters, der im Komplex wohnt, zum Brunnen hinabsteigen.

„Danach kam Jakob wohlbehalten zu der Stadt Sichem, die im Lande Kanaan liegt, nachdem er aus Mesopotamien gekommen war, und lagerte vor der Stadt und kaufte das Land, wo er sein Zelt aufgeschlagen hatte, von den Söhnen Hemors, des Vaters Sichems, um hundert Goldstücke und errichtete dort einen Altar und nannte ihn ‚Gott ist der Gott Israels'" (1. Mose 33, 18 ff.).

„Da kam Jesus in eine Stadt Samariens, die heißt Sychar, nahe bei dem Feld, das Jakob seinem Sohn Joseph gab. Es war aber daselbst Jakobs Brunnen" (Johannes 4,4.5).

David Roberts meditierte: „Hier saß der Erlöser, müde von der Reise, beim Brunnen und lehrte die Samariterfrau die großen Wahrheiten, die die Trennungsmauern zwischen Juden und Heiden beseitigt haben: Gott ist Geist, und die ihn anbeten, die müssen ihn im Geist und in der Wahrheit anbeten" (Johannes 4,24). Ja, hier erklang die Botschaft vom reinsten Wasser: „Wer von diesem Wasser trinkt, den wird wieder dürsten; wer aber von dem Wasser trinken wird, das ich ihm gebe, den wird ewiglich nicht dürsten, sondern das Wasser, das ich ihm geben werde, das wird in ihm ein Brunnen des Wassers werden, das in das ewige Leben quillt" (Johannes 4, 13.14).

28. Josephs Grab

Sehr behutsam nähern sich einige Begleiter des Künstlers Josephs Grabmal. Aus abergläubischer Angst vor Geistern? Dieser Ort befindet sich in der Nähe des Jakobsbrunnen in Sichem, und auf dem vorigen Bild ist das Grab schon im Hintergrund sichtbar. Das Grab selbst befindet sich unter dem gewölbten Felsblock. Am Kopf- und Fußende sind zwei Altäre errichtet, von denen die Reiseführer damals sagten, sie seien die Gräber Ephraims und Manasses, zweier Söhne Josephs.

„Die Gebeine Josephs, die die Kinder Israel aus Ägypten gebracht hatten, begruben sie zu Sichem auf dem Stück Feld, das Jakob von den Söhnen Hemors, des Vaters von Sichem, für hundert Goldstücke gekauft hatte und das das Erbteil der Söhne Joseph ward" (Josua 24,32). Übereinstimmend mit diesen Worten bestätigen Juden, Samaritaner, Christen und Moslems, daß hier Josephs Grab zu finden ist.

Roberts hielt ein Grab nicht für den besten Ort zum Meditieren. Er beendete seine Notizen in Sichem ganz anders: „Als die Menge hier in Sychar zu Jesus kam, zeigte er ihnen die wogenden Kornfelder und sagte: ‚Saget ihr nicht: Es sind noch vier Monate, dann kommt die Ernte? Siehe, ich sage euch: Hebet eure Augen auf und sehet in das Feld, denn es ist weiß zur Ernte.' Wir kehrten zu unserem Zelt zurück, körperlich wirklich müde, aber geistlich erfrischt, weil wir am Ort selber aufs neue den Bericht gelesen hatten von dem Besuch unseres Erlösers und von seinen meisterlichen Lehren."

29. Am Berg Tabor

Im Vordergrund ist eine Karawane christlicher Pilger zu sehen, die auf der Rückreise von Damaskus nach Jerusalem Rast macht. Der Berg Tabor liegt etwa neun Kilometer von Nazareth entfernt im nordöstlichen Teil der Ebene Jesreel. Der Berg ist schon von weitem zu sehen, und der Gipfel erhebt sich 488 Meter über den Meeresspiegel. Die merkwürdige Form des Sandsteinberges hat stets die Phantasie angesprochen, so die des Psalmdichters: „Tabor und Hermon jauchzen über deinen Namen" (Psalm 89,13). Und Jeremia sprach vom schon sprichwörtlichen „Tabor unter den Bergen" (Jeremia 46,18). Es ging hier übrigens nicht immer friedlich zu. So klirrten z. B. die Waffen, als der Richter Barak seine Männer versammelte, um das Heer Siseras zu vernichten.

Nach byzantinischer Überlieferung war dies der Berg der Verklärung, obwohl das Neue Testament das nicht angibt. Matthäus 17 erzählt, wie Jesus mit Petrus, Johannes und Jakobus auf einen Berg stieg. In der Einsamkeit erschienen ihnen Mose und Elia. Und eine Stimme rief aus dem Himmel: „Dies ist mein lieber Sohn, an welchem ich Wohlgefallen habe; den sollt ihr hören" (Matthäus 17,5).

Zur Zeit Roberts' gab es auf dem Gipfel, den er offenbar nicht bestiegen hat, die Ruinen einer Kreuzritterkirche. Seit 1924 steht dort eine große moderne lateinische „Kirche der Verklärung". In Mosaiken wird die biblische Geschichte wiedergegeben. Aber faszinierender ist die Aussicht: man sieht ganz Galiläa und sogar den See von Tiberias.

Mount-Tabor from the Plain of Esdraelon

30. Das alte Jesreel

Hier fließt der Bach Kison in die Ebene Jesreel: eine große fruchtbare Ebene, die als „Kornspeicher Palästinas" galt und die auch in unserer Zeit wieder eine blühende Ackerbaugegend ist, nachdem sie jahrhundertelang verödet dalag. Aber die Ebene ist in der biblischen Geschichte vor allem bekannt als Schlachtfeld. Wie haben sie hier gekämpft, die Midianiter, die Philister, die Ägypter und natürlich auch die Israeliten! Vor allem der schmale Paß beim Karmelgebirge war von strategischer Wichtigkeit als Durchgangsroute zwischen Mesopotamien, Syrien und Ägypten. König Salomo baute die Stadt Megiddo nicht umsonst zur Festungsstadt aus mit Ställen für fünfhundert Pferde. Die sehenswürdige freigelegte Stadt Megiddo ist nach Offenbarung (16,16) der Ort des Endkampfes zwischen Gott und den Völkern. Harmagedon ist nämlich die lateinische Form des hebräischen Har Megiddon.

Ein kleines arabisches Dorf, das Zarien heißt, liegt an der Stelle der alten Stadt Jesreel. Dies war die Stadt, wo der berüchtigte König Ahab seinen Winterpalast hatte, in dem er residierte, wenn es auf dem Berg Samariens zu kalt wurde. Er eignete sich ein Landgut daneben an, indem er den Eigentümer Naboth steinigen ließ. Palast und Weingarten lagen zweifellos an den Hängen der Hügel. Man sieht auch einige Säulen und Grabmonumente, die an alte Zeiten erinnern. Es gibt heute auch ein modernes Jesreel, eine Siedlung, die 1949 gegründet wurde.

31. Die Ruinen von Gaza

Zwei Regimenter der ägyptischen leichten Kavallerie ziehen die alte Küstenstraße bei Gaza entlang. Die Stadt war von strategischer Wichtigkeit und wird schon im 1. Buch Mose genannt. Sie war die mächtigste unter den fünf Städten der Philister.

Gaza ist vor allem bekannt aus den Geschichten des Richters Simson, der hier geblendet wurde, im Gefängnis saß und starb. Der Tempel des Dagon wurde zum Massengrab, als der starke Mann noch einmal seine Kraft zurückgewann und die Säulen einknickte (Richter 16,27 ff.).

Rechts auf dem Bild ein Gebäude mit Kuppeln, das den Ort andeutet, wo Simson das Stadttor von Gaza hingelegt haben soll, nachdem er die Türflügel aus den Angeln gehoben hatte. Das Gebäude existiert nicht mehr, aber der Hügel wird immer noch gezeigt als der Ort, wo es geschehen sein kann.

Roberts sah überall in der Stadt, daß neue Häuser aus Marmorresten der alten Stadt, z. B. Säulen und Kapitellen, gebaut worden waren. So sah er eine ganze Reihe antiker Säulen, die das Dach eines neuen Hauses trugen. Auf einer Begräbnisstätte stand eine hübsche korinthische Säule als Grabstein. Solche Dinge kann man heutzutage noch sehen, denn das heutige Gaza ist über dem alten Gaza gebaut worden, auf dem Schutthügel, der noch deutlich zu erkennen ist.

32. Das Askalon der Philister

Der Name Palästina ist von dem Namen des unternehmungslustigen und kriegerischen Volkes der Philister abgeleitet. Sie kommen ursprünglich aus Kaphtor (laut Amos 9,7), dem heutigen Kreta. Sie bestürmten die Küste Kanaans seit ungefähr 1175 v. Chr., als sie zum erstenmal mit ihren Schiffen an Land kamen. Zwei Jahrhunderte lang ließen sie Israel von ihrem Fünfstädtebund (Askalon, Gaza, Gath, Ekron und Asdod) aus nicht zur Ruhe kommen.

Wir sehen hier die Ruinen von Askalon, wo am Anfang des vorigen Jahrhunderts gerade die Fundamente einer großen Festung und die einer christlichen Kirche gefunden worden waren. Es standen auch noch große Stücke der Stadtmauer, die auch heute noch inmitten eines gut angelegten Nationalparks zu besichtigen sind.

Man hat in den philistinischen Ruinen viele Weinbecher und Bierkrüge gefunden. Die Philister waren tüchtige Trinker und feierten rauschende Feste. Gerstenbier ist eine Erfindung dieses Volkes. Eine andere Spezialität war das Schmelzen und Schmieden von Eisen, was sie von den Hethitern in Kleinasien gelernt haben müssen, vielleicht auf ihrem Weg nach Kanaan. Durch ihre eisernen Waffen waren sie lange Zeit unbesiegbar.

Aber der Gerichtsweissagung Zephanjas konnten sie nicht entfliehen: „Askalon wird verwüstet werden . . . Weh denen, die am Meer hin wohnen, dem Volk der Krether! Des Herrn Wort wird über euch kommen, du Kanaan, der Philister Land; ich will dich umbringen, daß niemand mehr da wohnen soll“ (Zephanja 2,4.5).

33. Das Leben der Hirten in Asdod

Das alte und das neue Asdod liegen etwa vierzig Kilometer südlich von Tel Aviv am Rand der Wüste. Asdod gehörte zum Fünfstädtebund der Philister und war ein wichtiges religiöses Zentrum, weil dort der Tempel ihres höchsten Gottes Dagon stand. Das Heiligtum hat bis zur Zeit der Makkabäer existiert, wie aus dem gleichnamigen Buch hervorgeht. Dagon wurde schon vor der Zeit der Philister verehrt, sogar in Babylonien. Es gibt über ihn viele Überlieferungen, unter anderem, daß er der Vater des Gottes Baal sei, den wir aus dem Alten Testament gut kennen.

Bekannt ist die Geschichte, wie die Lade Gottes von den Philistern erbeutet und im Tempel von Asdod neben der Statue des Dagon aufgestellt wurde. Am nächsten Morgen war Dagon vor der Lade umgestürzt, und am darauffolgenden Morgen bot sich das gleiche Bild. Auch in Gath und Ekron brachte die Lade Unheil, so daß sie schließlich sieben Monate später an Israel zurückgegeben wurde (1. Samuel 5 und 6).

Das moderne Asdod ist 1957 gegründet worden und hat jetzt schon 30 000 Einwohner. Es ist nach Haifa die größte Hafenstadt und liegt südlich der alten Stadt, also ungefähr dort, wo wir hier die ländliche Szene aus dem Leben der Hirten an der Küste sehen.

Ashdod. — March 24. 1839. David Roberts R.A.

34. Die historische Stadt Jaffa

Jaffa, Joppe, Japha – das sind einige Namen für die historische Stadt, die wir hier von Norden aus noch in ihrer vollen Herrlichkeit und Schönheit sehen. 1909 hat man angefangen, eine neue Stadt daneben zu bauen: Tel Aviv. Diese Stadt ist jetzt mit ihren mehr als 400 000 Einwohnern die größte Stadt Israels, hat Jaffa völlig überflügelt und eigentlich „geschluckt". Man hat sich allerdings bemüht, so viel wie möglich vom Alten zu erhalten. Es gibt verschiedene Museen, historische Gebäude und sehr viel Kunst- und Antiquitätenläden, doch daneben blüht das Vergnügungs- und Strandleben.

Der Hafen von Jaffa ist einer der ältesten der Welt. Er wird schon in den Hieroglyphen der Ägypter und in alten assyrischen Berichten erwähnt. Wir wissen, daß König Salomo das Zedernholz vom Libanon für den Tempelbau über diesen Hafen heranholen ließ. Es war der Hafen von Jerusalem. Beim Bau des zweiten Tempels nach der Gefangenschaft spielte sich dasselbe ab. Im Neuen Testament kommt die Stadt verschiedene Male unter dem griechischen Namen Joppe vor. Später taucht der hebräische Name Japha auf.

Wir sehen deutlich, wie die Stadt auf einem Hügel gebaut ist. Man hat dort eine wundervolle Aussicht auf die Küste des Mittelmeeres und auf Tel Aviv. Im Vordergrund des Bildes befindet sich ein Grüppchen polnischer Juden, die nach einer Pilgerfahrt nach Jerusalem auf die Rückkehr in ihr Land warten.

Der Name Tel Aviv bedeutet „Frühlingshügel" und symbolisiert die zionistische Bewegung. Die meisten Einwanderer kamen im Laufe der Jahre über Jaffa, die wichtigste Pforte des Landes, in das Land hinein.

35. Blick zum Karmel

Der Karmel war schon immer als ein wunderbarer Berg bekannt. Nicht allein wegen seiner Form, sondern auch, weil dort so viel Regen fällt und weil dort so viele Weingärten sind. Der Name bedeutet: Weingarten Gottes. An vielen Stellen in der Bibel wird der Karmel als Symbol der Schönheit genannt.

Der Gipfel ist 482 Meter hoch und liegt an der Ostseite. Roberts erzählt, es befinde sich dort ein Kloster, und der Orden der Karmeliter würde „vermutlich" seinen Namen von dort herleiten. Das ist ganz gewiß der Fall, denn in der zweiten Hälfte des zwölften Jahrhunderts entstand am Karmel eine Gemeinschaft von Eremiten, die 1247 in Europa in die bekannten Klosterorden der beschuhten und unbeschuhten Karmeliter umgewandelt wurde.

Beim heutigen Kloster auf dem Berg steht eine Elia-Statue. Der Karmel ist nämlich vor allem bekanntgeworden durch das Gottesurteil zwischen dem Propheten Elia und den Priestern des Gottes Baal (1. Könige 18), wobei Elia siegte und dem Baalsdienst ein Ende gemacht wurde. Die heidnische Königin Isebel ließ die Sache nicht auf sich beruhen, so daß Elia flüchten mußte, unter anderem in dieses Gebirge mit seinen vielen Höhlen und Grotten, die einen guten Zufluchtsort bieten.

Am Fuße des Berges am Meer liegt jetzt Haifa, die Hauptstadt des Nordens und die zweite Stadt Israels mit dem wichtigsten Hafen. Dort wohnen mehr als 200 000 Menschen. Die Karmeluntergrundbahn fährt von der unteren Stadt bis zum Berggipfel und überwindet auf einer Strecke von 1800 Metern eine Steigung von 275 Metern! Zur Zeit Roberts' war hier alles viel ruhiger!

36. Die Hafenstadt Akko

Die alte Hafenstadt Akko stammt aus der Zeit der Kanaaniter und war schon im Altertum unter diesem Namen bekannt. Zur Zeit Roberts' sprach man von St. Jeanne d'Acre, wie auf dem Bild notiert ist. Die Stadt ist wegen ihrer strategischen Wichtigkeit oft belagert worden, unter anderem von den Assyrern, den Ägyptern, den Sarazenen, den Kreuzrittern und später von den Türken, den Arabern und sogar von Napoleon (daher der Name der französischen Heldin) und schließlich von den Engländern.

Aus der Zeit der Kreuzritter, die hier ihre letzte Bastion hatten, sind auf dem Bild noch die Überreste der Wellenbrecher und eines Leuchtturms zu sehen, die auch heute noch da sind. Die Stadt zieht heute viele Touristen an, denn sie ist gewissermaßen ein Freilichtmuseum mit sehr vielen Sehenswürdigkeiten, etwa der Zitadelle, der großen Moschee, dem Markt und den Karawansereien. In diesem alten Teil wohnen fast ausschließlich Araber (8000) und im neuen Teil die Juden (24 000).

Zur Zeit des Neuen Testaments trug Akko den Namen Ptolemäis (nach dem Herrscher Ägyptens, der die Stadt wieder aufbaute). Sie wird in Apostelgeschichte 21 erwähnt: Der Apostel Paulus ging hier nach seiner dritten Missionsreise an Land und besuchte die örtliche christliche Gemeinde.

37. Stadtansicht von Tyrus

Auf dieser Lithographie erscheint der Name Isur, und dann ist hinzugefügt: das alte Tyrus. Heutzutage trifft man im Libanon ebenfalls Schilder, auf denen nicht „Tyrus" steht, sondern „Sur" (manchmal steht da noch in kleinen Buchstaben „Tyr"), denn das ist der alte phönizische Name, der „Fels" bedeutet. Die Stadt ist in der Tat ein Fels im Meer, war früher eine Insel, die zur Halbinsel wurde. Alexander der Große konnte die Festungsstadt erst erobern, nachdem er einen Damm hatte bauen lassen, der seitdem stehengeblieben und hier auch gut zu sehen ist. Dadurch, daß auch ein Stadtteil an der Küste entstand, ist eigentlich eine Zwillingsstadt daraus geworden, verbunden durch die Landzunge.

Zur Zeit Roberts' zählte die Stadt „vierhundert steuerpflichtige Moslems und dreihundert steuerpflichtige Christen, hauptsächlich griechisch-katholischer Konfession, und nur wenig Juden; insgesamt eine Bevölkerung von fast dreitausend Seelen". Jetzt wohnen dort einige Tausend mehr, hauptsächlich Moslems, aber es ist ein stilles Städtchen in einem entlegenen Winkel, nahe der israelischen Grenze.

Hesekiel gab eine Beschreibung der eindrucksvollen Vergangenheit: „Tyrus, du sprichst: Ich bin die Allerschönste! Dein Gebiet liegt mitten im Meer, und deine Bauleute haben dich aufs allerschönste erbaut" (Hesekiel 27,3.4). Später sprach Jesus über diese Stadt, als er den jüdischen Städten vorhielt, daß sie sich ein Beispiel an den heidnischen Städten Phöniziens nehmen sollten: „Es wird Tyrus und Sidon erträglicher gehen am Tage des Gerichts als euch" (Matthäus 11,22).

38. Stadtansicht von Sidon

Das heutige Saida, das alte Sidon, ist eine Stadt an der Mittelmeerküste südlich von Beirut im Libanon. Zu der Zeit, als diese Lithographie entstand, war die ursprüngliche Atmosphäre noch weitgehend erhalten. Heute dagegen ist in dieser Stadt mit ihren 40 000 Einwohnern nichts mehr aus dem Altertum zu finden. Wenn man am Kai entlanggeht, wo einige kleine Fischerboote auf dem Wasser treiben, kann man sich gar nicht vorstellen, daß hier früher große Kriegsflotten ein- und ausliefen. Die Herrlichkeit Sidons ist für immer verblaßt.

Die Stadt wird in 1. Mose und vielen anderen Büchern des Alten Testaments erwähnt, darüber hinaus auch von Homer. Sie ist oft verwüstet worden – durch die Perser, die Römer, die Türken, die Mongolen, die Ägypter, die Griechen –, aber immer wieder wurde Sidon neu aufgebaut. Im sechzehnten Jahrhundert erlebte sie noch einmal einen Aufschwung, aber später wurde sie von Beirut überflügelt.

Sowohl Tyrus als auch Sidon (oft werden sie in einem Atemzug genannt) wurden oft von den Propheten gewarnt wegen ihrer Sündhaftigkeit. Dagegen lesen wir später, daß die Bewohner dieser Städte große Entfernungen zurücklegten, um Jesus zu hören und um von ihm von Krankheiten und unreinen Geistern (Lukas 6) geheilt zu werden. Aus Matthäus 15 geht hervor, daß Jesus sich eine Zeitlang hier aufgehalten hat. Paulus war in Sidon (Apostelgeschichte 27). Eine phönizische Stadt mit einer großen Vergangenheit!

39. Die Zitadelle von Sidon

Hier sehen wir die Reste eines Gebäudekomplexes, der auf der vorigen Lithographie schon aus der Ferne zu sehen war. Die Festung wurde von den Kreuzrittern auf einer Felseninsel vor der Küste erbaut und ist heute leider nicht mehr durch so schöne Bögen mit dem Land verbunden, sondern durch eine glatte Mauer. Das, was jetzt noch steht, ist auch längst nicht mehr so imposant. Der große runde Turm links und die kleine Kuppel in der Mitte sowie ein paar niedrige Mauern sind noch übriggeblieben. Was seit dem Mittelalter standgehalten hatte, ist also in den letzten 150 Jahren zu Grunde gegangen.

Roberts sprach noch von „einem der schönsten Orte, die ich je gesehen habe"; aber der heutige Besucher wird enttäuscht sein, obschon es sich noch lohnt, diese historische Stätte zu besuchen. In der Stadt befinden sich noch einige Moscheen, denn es wohnen dort fast ausschließlich Moslems.

Flavius Josephus zufolge bekam die Stadt ihren Namen von Sidon, dem erstgeborenen Sohn Kanaans, eines Sohnes Hams (1. Mose 10). Falls das zutrifft, hat die Stadt ihren Ursprung in der Zeit kurz nach der Sintflut. In jedem Fall ist sie eine uralte Niederlassung mit einer reichen Vergangenheit.

40. Der See Genezareth

Der heutige Name Yam Kinneret kommt geradewegs aus dem Alten Testament und entspricht unserem See Genezareth. Dieser Name kommt daher, daß der See die Form einer Harfe (=Kinneret) hat. Er ist auch als Galiläisches Meer oder See von Tiberias bekannt. Der See ist 21 Kilometer lang und nirgendwo mehr als 12 Kilometer breit, mit einer größten Tiefe von ungefähr fünfzig Metern. Er liegt 210 Meter unter dem Spiegel des Mittelmeeres, und aufgrund dieser Lage ist es dort oft sehr heiß.

Im Vordergrund liegt die Stadt Tiberias, und im Hintergrund erhebt sich der Hermon mit seinen schneebedeckten Gipfeln bis zu einer Höhe von 2814 Metern. Dieser „heilige Berg" wird auf Arabisch auch „Der Schneeberg" oder „Der Berg des alten Weißhaarigen" genannt.

Als David Roberts hier an seinen Skizzen arbeitete, war es still um den See herum. Zur Zeit Jesu hingegen war dies eine dichtbesiedelte Gegend mit vielen Städten und Dörfern und Hunderten von Schiffen auf dem See. Es gab jüdische Synagogen, griechische Theater und römische Rennbahnen. Und hier wurden die Jünger Jesu berufen; junge Fischer sollten fortan Menschenfischer sein (Lukas 5). Am nordwestlichen Ufer (links außerhalb des Bildes) lag Kapernaum, wo Jesus eine Zeitlang wohnte. Aber diesen Ort hat Roberts nicht besuchen können, denn bis 1894 waren die Ruinen noch nicht ausgegraben. Dann kamen die Franziskaner und legten vor allem die Synagoge frei.

41. Ein Besuch in Nazareth

Nazareth war ein unbedeutender Ort, als Jesus dort wohnte. Ein geflügeltes Wort fragte: Kann aus Nazareth etwas Gutes kommen? Die Geschichte hat die Frage beantwortet. Der Name dieses Ortes ist auf der ganzen Welt bekannt als die Vaterstadt des „Jesus von Nazareth". Sein Vater arbeitete dort als Zimmermann, und Jesus selbst ist, wie damals üblich, im väterlichen Beruf ausgebildet worden.

In dieser romantischen Szene aus dem Jahre 1839 zieht ein Hirte mit seiner Herde heimwärts – ein aus der Bibel vertrautes Bild. Dort nennt Jesus sich ja selbst den guten Hirten, der sein Leben für seine Schafe hingibt. „Und ich habe noch andere Schafe, die sind nicht aus diesem Stalle; und auch diese muß ich herführen, und sie werden meine Stimme hören, und wird eine Herde und ein Hirte werden" (Johannes 10,16).

Das Städtchen liegt hier friedlich zwischen den Hügeln, aber aus dem Evangelium wissen wir, daß die Bevölkerung alles andere als friedlich sein konnte. Die Nazarener versuchten einmal, Jesus von einem Felsen hinunterzustürzen, nachdem er in ihrer Synagoge gesprochen und sich als der verheißene Messias offenbart hatte (Lukas 4). Den „Berg des Absturzes" oder „Den Abgrund des Herrn" zeigt man immer noch.

Die Gesinnung der Menschen in Nazareth Jesus gegenüber ist heute ganz anders. Die meisten Einwohner sind arabische Christen. Es ist eine Stadt voller Klöster, Kirchen und Kapellen und natürlich voller Touristen und Pilger. Das unbedeutende Städtchen im Herzen der Berge Galiläas ist zu einem religiösen Zentrum geworden.

42. Am Brunnen von Nazareth

„Die Figuren sind alle an Ort und Stelle gezeichnet. Sie zeigen einen repräsentativen Querschnitt durch die Kleidung der Frauen in Nazareth. Sie tragen goldenen und silbernen Schmuck, der einen wunderschönen Kontrast zu ihrem schwarzen Haar bildet; für das europäische Auge sind sie bemerkenswert anmutig. Die jüngeren Frauen waren im allgemeinen auffallend hübsch. Als sie entdeckten, daß die Fremden Christen waren, verschleierten sie ihre Gesichter nicht mehr."

Nazareth hatte nur einen einzigen Brunnen, folglich hat auch Maria dort zweifellos immer Wasser geholt. Deswegen der Name „Brunnen der Jungfrau Maria". Er liegt an der Straße nach Tiberias. Man kann hier bis heute malerische Szenen sehen, wenn die Frauen mit den Steinkrügen auf ihrem Kopf gegen Abend Wasser schöpfen.

43. Die Verkündigungskirche

„Und im sechsten Monat ward der Engel Gabriel gesandt von Gott in eine Stadt in Galiläa, die heißt Nazareth, zu einer Jungfrau, die vertraut war einem Manne mit Namen Joseph, vom Hause David; und die Jungfrau hieß Maria. Und der Engel kam zu ihr hinein und sprach: Gegrüßet seist du, Hochbegnadete! Der Herr ist mit dir! Sie aber erschrak über seine Rede und dachte bei sich selbst: Welch ein Gruß ist das? Und der Engel sprach zu ihr: Fürchte dich nicht, Maria, du hast Gnade bei Gott gefunden. Siehe, du wirst schwanger werden und einen Sohn gebären, des Namen sollst du Jesus heißen" (Lukas 1,26–31).

An diese Geschichte soll die Kirche erinnern.

Die Kirche, die Roberts besuchte, war 1730 von Franziskanern errichtet worden (auf den Resten einer Kreuzritterkirche). Sie wurde 1955 abgerissen. 1969 wurde eine neue große Kirche fertiggestellt mit einer mächtigen Kuppel und einem großen Mosaik hinter dem Altar, auf dem die weltumspannende Kirche dargestellt ist. In einer Grotte soll der Engel Maria erschienen sein. Alles macht einen etwas gekünstelten Eindruck, wie an vielen heiligen Orten. Deswegen hat die Überlieferung der griechischen Christen eine gewisse Anziehungskraft. Danach war Maria nicht zu Hause, als der Engel kam, und deswegen folgte er ihr zum Brunnen, wo er ihr die Botschaft brachte.

44. Sehenswürdigkeiten in Nazareth

„Die Mönche sind stets so beflissen wie ungeschickt gewesen, die Orte zu lokalisieren, an denen sich biblische Ereignisse abgespielt haben sollen", schrieb der Theologe, der in der ersten englischen Ausgabe David Roberts' Lithographien erläuterte. Reverend George Croly nannte als Beispiel den „Berg des Absturzes", von dem angeblich Jesus von der aufgebrachten Bevölkerung Nazareths fast heruntergestoßen worden wäre und der zwei Meilen außerhalb der Stadt lag. „Eine wütende Menschenmenge legt bestimmt nicht erst eine solche Entfernung zurück, wenn sie Jesus überall von einer Klippe hätten hinunterstoßen können."

Wir sehen ein Kloster, das im Jahre 1620 am Rande des Abgrundes gegründet wurde. Weil die Mönche im Mittelalter die Geschichte, wie sie in Lukas 4 steht, bloß mittelmäßig fanden, phantasierten sie etwas hinzu. Sie sprechen bis zum heutigen Tag vom „Mons Saltus Domini". Jesus habe sich mit einem göttlichen Sprung vom Berg gerettet – während es im Neuen Testament lediglich heißt: „Aber er ging mitten durch sie hinweg" (Lukas 4,30).

Es gibt übrigens noch andere Klöster und Kirchen in dieser Stadt. Das Franziskanerkloster. Das Kloster der Frauen von Nazareth. Die griechisch-orthodoxe Kirche des Gabriel. Die Basilika des Jünglings Jesus. Das Kloster der Frucht Mariä. Die Synagogenkirche. Die Maronitenkirche. Die Josephskirche. Die Mensa Christi. Aber vielleicht reichen einem demütigen Pilger schon die Worte aus Johannes 1 am Altar der Mariä Verkündigungskirche: „Und das Wort ward Fleisch."

45. Blick auf Kana

Wie schön ist die Landschaft von Galiläa im Licht der untergehenden Sonne! Eine kleine Karawane ist noch unterwegs, wird aber vor Einbruch der Dunkelheit ankommen, denn ganz in der Nähe liegt Nazareth. Im Hintergrund, in einer Entfernung von sechs Kilometern, liegt Kana, das heutige arabische Kfar Kana.

Es gibt in Kana zwei Kirchen zu besichtigen. Die griechische Kirche steht dicht an der Hauptstraße, und der Priester zeigt dort den „Originalkrug", der auf der berühmten Hochzeit in Kana verwendet worden sein soll, bei der Jesus Wasser in Wein verwandelte (Johannes 2).

Die Kirche der Franziskaner steht mitten im Dorf, und auch dort besitzt man einen uralten Steinkrug, der hinter einem hübschen schmiedeeisernen Gitterwerk vor dem Altar aufgestellt ist. Merkwürdigerweise ist diese Kirche der Kathedrale von Salzburg in Österreich nachgebaut.

Es gibt noch ein drittes Heiligtum: die Nathanael-Kapelle. Sie steht an der Stelle, wo nach der Überlieferung sein Haus gestanden haben soll. Vielleicht wird eines Tages noch eine Kirche zu Ehren des Sohnes des Hauptmanns von Kapernaum gebaut, der nach Johannes 4,46 von hier aus geheilt wurde.

46. Der Brunnen von Kana

An diesem Ort tat Jesus sein erstes Wunder. Bei einer Hochzeit verwandelte er Wasser in Wein. Das Wasser stammte aus diesem Brunnen, der bis heute auffallend sauberes Wasser spendet. Weil es keinen anderen Brunnen in der Nähe gibt, muß dies der „echte“ Brunnen sein. Er befindet sich allerdings heute nicht mehr im Freien, sondern in der Franziskanerkirche in Kana. Über dem Eingang der Kirche stehen die Worte geschrieben: Wir verehren den Ort, wo Seine Füße standen.

Auf dem Bild dient ein schön bearbeiteter Sarkophag als Trog, aus dem die Tiere trinken. Ähnliches sieht man oft in den alten Gegenden des Nahen Ostens. Roberts erwähnt, daß die christlichen Pilger hier ihren Durst stillten, bevor sie Kana besuchten.

Der Vollständigkeit halber muß erwähnt werden, daß es noch ein anderes Kana gibt, dreizehn Kilometer von Nazareth entfernt, das im Mittelalter oft für das „Kana in Galiläa“ gehalten wurde, von dem die Bibel spricht. Von diesem Gedanken ist man aber inzwischen abgekommen – nicht nur wegen der Entfernung, die der Hauptmann von Johannes 4 zurücklegte, sondern auch weil zwischen Nazareth und dem nahegelegenen Kana ein Brunnen Ain-Kana gefunden wurde.

David Roberts R.A.

47. Tiberias am See

„Durch eine wunderbare Landschaft erreichten wir den See von Tiberias, eingebettet zwischen den Hügeln. Weit weg lag der Berg Hermon, mit Schnee bedeckt, und auf einem Hügel in der Nähe sahen wir die Stadt Safed. Hier lag die Kulisse für die Wunder unseres Erlösers vor uns. Aber die Bevölkerung und die Boote waren verschwunden. Zum Westen hin sah man den Jordan in Richtung des Toten Meeres dahinfließen, und unter uns lag Tiberias“ (aus Roberts' Tagebuch).

Das immer noch sehenswerte Städtchen Safed war früher berühmt wegen seiner Rabbinenschule. Man kann die Bilder der alten Gelehrten immer noch sehen, aber im Städtchen wohnen jetzt vor allem Kunstmaler, die dort ihre Ausstellungen abhalten. Safed läßt einen an die Worte Jesu aus der Bergpredigt denken: „Es kann die Stadt, die auf einem Berg liegt, nicht verborgen sein“ (Matthäus 5,14).

Tiberias ist die Hauptstadt Galiläas. Es wohnen dort ausschließlich Juden. Die Stadt ist ungefähr zweitausend Jahre alt und nach dem römischen Kaiser Tiberius benannt. Zur Zeit Jesu war es also eine neue Stadt. Tiberias wird in der Auferstehungsbotschaft in Johannes 21 genannt: „Danach offenbarte sich Jesus abermals den Jüngern am See Tiberias.“ Zum Kloster Sankt Petrus gehört eine Kirche, deren Chorraum von oben gesehen die Form eines Schiffsbugs hat, zur Erinnerung an das Boot, mit dem der ehemalige Fischer Petrus fuhr. Heute lebt Tiberias von Touristen und Pilgern.

David Roberts R.A.

48. Die Omarmoschee in Jerusalem

Das Stadtbild Jerusalems wird schon seit vielen Jahrhunderten von der Kuppel der Omarmoschee beherrscht. Das achteckige Gebäude (54 Meter hoch und 22 Meter im Durchmesser) wurde vom Kalifen Omar im siebten Jahrhundert gestiftet. Um das Jahr 1100 machten die Kreuzritter daraus eine christliche Kirche, und unter Saladin wurde wieder eine Moschee daraus, was sie bis auf den heutigen Tag geblieben ist.

Die Moschee steht auf dem Berg Moria, auf dem Abraham nach 1. Mose 22 fast seinen Sohn Isaak geopfert hätte. In der Moschee befindet sich ein Felsen, von einem Gitterzaun umgeben, der diesen Ort andeutet. Deswegen auch der Name Felsendom. Eine Moslemlegende besagt, daß Mohammed von demselben Felsen aus zum Himmel fuhr, und man zeigt einen Fußabdruck von ihm. Es gibt auch einen Schrein mit einigen Haaren des Propheten. Das Gebäude ist mit wunderbarem Marmor und farbenprächtigen Mosaiken geschmückt.

Die Männer im Vordergrund der Lithographie sind nicht, wie man meinen könnte, Araber, die mit dem Gesicht nach Mekka gewandt beten, sondern griechische Christen, die mit dem Gesicht zum Grabe Jesu in Jerusalem gewandt beten. Sie befinden sich auf der Terrasse der Kirche St. Anna. Diese Anna war die Mutter Marias, und die Überlieferung sagt, daß die Mutter Jesu in der Grotte unter der Kirche geboren wurde. Im Innenhof der Kirche (aus der Zeit der Kreuzritter) findet man noch einen alten Teich, vermutlich Bethesda (Johannes 5), der auch auf dem Bild zu sehen ist.

49. Das Goldene Tor

Die Mauern von Jerusalem sind noch immer eindrucksvoll. Die Jünger Jesu riefen schon vor zweitausend Jahren aus: ,,Meister, siehe, was für Steine und was für Bauten!" (Markus 13,1). Die Fischersöhne aus Galiläa waren genauso beeindruckt wie heutige Touristen aus aller Welt.

Das Goldene Tor befindet sich in der östlichen Stadtmauer und führt zum Tempelplatz. Es ist ein Doppeltor – der eine Bogen symbolisiert die Buße und der andere Bogen die Barmherzigkeit. Arabischen Quellen zufolge ist das Goldene Tor im Jahre 1495 für immer zugemauert worden, vielleicht aus Angst vor einem feindlichen Einfall. Merkwürdig ist, was der Prophet Hesekiel schreibt: ,,Und er führte mich wieder zu dem äußeren Tor des Heiligtums im Osten; es war aber zugeschlossen und der Herr sprach zu mir: Dies Tor soll zugeschlossen bleiben und nicht aufgetan werden, und niemand soll dort hineingehen. Denn der Herr, der Gott Israels, ist dort eingezogen; darum soll es zugeschlossen bleiben" (Hesekiel 44,1.2).

Das Tor scheint später allerdings wieder geöffnet worden zu sein, und man nimmt an, daß Jesus bei seinem Einzug in Jerusalem am Palmsonntag durch dieses Tor gezogen ist. An diesem Tag werden jedes Jahr Prozessionen abgehalten, bei denen Ordensschwestern Palmzweige tragen. Man zieht nun durch das Stephanustor in die Stadt hinein zur Kirche St. Anna.

Golden Gate of the Temple
Shewing part of the
ancient walls

50. Das Damaskustor

Die heutigen Mauern Jerusalems stammen nicht aus biblischer Zeit, sondern sind von den Sarazenen im Mittelalter gebaut worden. Aber sie sind wohl auf den älteren Mauern errichtet. Einer der bekannten Zugänge zur Altstadt ist das Damaskustor, so genannt, weil es am Anfang der Straße steht, die nach Norden und somit nach Syrien führt. Der hebräische Name ist Sichemtor, weil der Weg auch nach Sichem (Nablus) führt. Am Fuße dieses Tores sind Überreste der Mauern und des Tores aus dem zweiten Jahrhundert gefunden worden. Auf der Zeichnung von Roberts sind noch Sandhügel zu sehen, die aber inzwischen abgetragen worden sind, damit das Tor besser zur Geltung kommt.

An der Stelle, an der hier Kamele stehen, befindet sich heute ein Parkplatz. Von da aus muß man einige Stufen hinuntergehen zum Niveau des ursprünglichen Tores. Es sind übrigens immer noch Kamele zu sehen, allerdings nicht als Lasttiere: Touristen lassen sich auf dem Rücken der „Wüstenschiffe" photographieren.

Die Grabsteine rechts vom Tor haben längst einem Parkstreifen entlang der Mauer weichen müssen. Im übrigen findet man außerhalb der Stadtmauern an vielen Stellen Gräber von Juden, Christen und Moslems, die die Auferstehung und das Gericht hier erwarten und als erste dabei sein wollten.

Durch dieses Tor zog Saulus nach Damaskus; als christlicher Missionar kam er zurück, weil er unterwegs den Auftrag bekommen hatte, die Jünger Jesu nicht mehr zu verfolgen, sondern dem Erlöser selber nachzufolgen.

51. Der Davidsturm

Der älteste Name Jerusalems ist Salem (1. Mose 14,18) und ein späterer Jabus (Richter 19,10). Als David die Stadt erobert hatte, wurde sie die Stadt Davids und erhielt den Namen Jerusalem (das heißt: Stadt des Friedens).

Jede alte Stadt des Orients hatte eine Zitadelle, eine Burg oder eine Festung. Diese Zitadelle liegt auf dem nordwestlichen Teil des Zion, südlich vom Jaffator. Sie hat sehr massive und hohe Mauern. Als die Kreuzritter 1099 Jerusalem eroberten, hatten sie die meisten Schwierigkeiten mit der Zitadelle. Der älteste Teil des nordöstlichen Turms oder Davidsturms, den wir hier sehen, stammt vielleicht vom Anfang unserer Zeitrechnung. Es gab ursprünglich drei Türme.

Viel besucht wird auch das Davidsgrab. Dort steht ein steinerner Sarkophag mit den silbernen Kronen der Thora. In der zweiten Etage des mittelalterlichen Bauwerks befindet sich ein Speisesaal, und eine Überlieferung behauptet, daß Jesus hier mit seinen Aposteln das Letzte Abendmahl gefeiert habe – ein durchaus attraktiver Gedanke, denn Jesus wurde auch „der Sohn Davids" genannt, unter anderem bei seinem letzten Einzug in Jerusalem. Er stammte aus dem berühmten Königshaus Israels. „Spricht nicht die Schrift: von dem Geschlecht Davids und aus dem Orte Bethlehem, wo David war, solle der Christus kommen?" (Johannes 7,42).

Citadel of Jerusalem, without the walls

52. Die Grabeskirche

„Das erste und wichtigste Bauwerk in den Mauern der Heiligen Stadt, der Ort, zu dem jeder Pilger unverzüglich seine Schritte lenkt, ist die Grabeskirche. Aber der Reisende findet seine Erwartungen seltsam enttäuscht, wenn er auf dem Weg zu dem verehrten Grab um sich herum verfallene Häuser einer verfallenen Stadt sieht und dann zum Portal einer riesigen Kirche geführt wird" (nach Roberts' Tagebuch).

Die Kirche steht an einem Ort, wo schon in frühester Zeit das Grab Jesu vermutet wurde. Die heutige Basilika ist von den Kreuzrittern auf den Fundamenten einer Kirche aus der Zeit des Kaisers Konstantin gebaut worden. Genau unter dem Scheitelpunkt der großen Kuppel befindet sich das Grab selbst, wie es auf den nächsten Bildern zu sehen ist. Der Gebäudekomplex ist im Laufe der Zeit wiederholt umgebaut und erweitert worden.

Das Grab könnte tatsächlich hier gelegen haben, denn die Grabstätten befanden sich früher außerhalb der Stadtmauern, genau wie diese Stätte. Kaiser Hadrian baute hier einen Götzentempel, um die Erinnerung an Jesus auszulöschen. Aber gerade dadurch markierte er die Stelle! Es ist eigentlich seltsam, daß man das Grab Jesu so sehr verehrt, denn er ist ja von den Toten auferstanden. Die Engel würden auch den Pilgern sagen: „Was sucht ihr den Lebendigen bei den Toten? Er ist nicht hier; er ist auferstanden" (Lukas 24,6).

Church of The Holy Sepulchre
Jerusalem

53. Im Innern der Grabeskirche

David Roberts war tief beeindruckt von der Farbenpracht der Gewänder, die er in der Grabeskirche in Jerusalem erblickte. Er hat denn auch alle Würdenträger und geistlichen Herren, die er dort sah, gezeichnet. Er war am Palmsonntag des Jahres 1839 dort, als gerade die Prozessionen und Feierlichkeiten zur Erinnerung an Tod und Begräbnis Jesu anfingen.

Der Bischof der armenischen Christen hat auf dem Thron vor dem Altar Platz genommen. Die Kopten und die syrischen Christen sind auch dabei, denn beide Gruppen waren damals zu klein für einen eigenen Gottesdienst. Roberts hat also nicht einfach irgendwelche Trachten gezeichnet, sondern einen echten Gottesdienst mit viel Pracht und Prunk festgehalten.

Dennoch hat jemand dies „die armseligste Kirche der Welt“ genannt, weil so viele verschiedene Religionsgemeinschaften diesen Ort unter sich aufgeteilt haben. Sie haben so viele Vorschriften erlassen, daß damit ein Buch von tausend Seiten gefüllt werden könnte. „Am Ort der Auferstehung bleibt die Auferstehung unsichtbar“, schrieb ein Kritiker, denn auf diese Weise würde Jesus aufs neue begraben, ausgerechnet in seiner eigenen Kirche!

54. Die Kapelle St. Helena

Es gibt die unglaublichsten Legenden über das Kreuz und das Grab Jesu. Damit konnte man offenbar mehr anfangen als mit der Auferstehung. So gibt es manche Geschichte von Helena, der Mutter Konstantins, des ersten christlichen römischen Kaisers. Sie besuchte die heilige Stadt Jerusalem im Jahre 326 und wurde durch göttliche Eingebung an diesen Ort geführt, wo sie das Kreuz Jesu entdeckte sowie die Kreuze der Verbrecher, die mit ihm gekreuzigt wurden. Wie sie die Kreuze unterscheiden konnte? Ganz einfach: Eine todkranke Frau wurde augenblicklich gesund, als sie das richtige Kreuz berührte! Noch unwahrscheinlicher ist die Geschichte vom Toten, der wieder zum Leben erwachte, nachdem man ihn auf das Holz gelegt hatte!

Es gab also mehr als genügend Gründe, der heiligen Helena eine Kapelle zu widmen. Im Winkel befindet sich die Kapelle der Invention (der Kreuzfindung), so daß niemand mehr zu zweifeln braucht.

Die Legenden sind übrigens nicht ganz ohne Wert, weil sie auf die Geschichtlichkeit dieses Ortes hinweisen. Das bestätigen auch die Forscher. Die Schwierigkeit war immer, daß sich in Jerusalem so vieles geändert hat seit der Zeit des Pontius Pilatus, des Statthalters, unter dem Jesus zu Tode gefoltert wurde. Bei Untersuchungen hat man jedoch verschiedene jüdische Grabsteine gefunden, die beweisen, daß hier in der Tat eine Grabstätte war.

Crypt of the Holy Sepulchre

55. Pracht und Prunk

Roberts hat hier nochmals seine Vorliebe für Pracht und Prunk und die alten Gewänder des Orients ausleben können. Er hat sehr viel Dynamik in sein Bild hineingebracht, indem er die Figuren in den verschiedensten Haltungen der Anbetung oder der Verzückung gezeichnet und sie aus großen Büchern hat lesen und singen lassen. Das alles erlebte er ja in der Passionswoche, in der er hier arbeitete, aus nächster Nähe mit.

Der große Block aus poliertem Marmor, der sich in der Mitte erhebt, deckt den „echten" Stein zu, den „Stein der Salbung", auf den der gestorbene Jesus niedergelegt wurde, nachdem Joseph von Arimathia über den Leichnam verfügen durfte. Man zeigt das Grab dieses Josephs, der auch das Kreuz ein Stück getragen hat, in einem kleinen dunklen Raum.

Ferner gibt es noch die „Kapelle des Engels". Dort wird ein anderer Stein verehrt, nämlich der Stein, der den Eingang des Grabes verschlossen haben soll und der vom Engel weggerollt wurde. Man wird unwillkürlich an die Worte Kaiser Konstantins erinnert, der hier erstmals eine Basilika errichten ließ: „Ich wollte den sehr heiligen Ort der Auferstehung des Heilandes zur Anschauung und zur Anbetung allgemein zugänglich machen."

56. Auf Golgatha

Die Grabeskirche überwölbt nicht nur den Ort des Grabes Jesu, sondern auch Golgatha, den Hügel, wo die Hinrichtung am Kreuz geschah. „Golgatha“ geht auf das aramäische Wort für „Schädel“ zurück, deshalb wird der Hügel auch „Schädelstätte“ genannt (Johannes 19,17). Manche führen das darauf zurück, daß der Hügel die Form eines Schädels hat, obwohl auch andere Erklärungen gegeben werden.

Das Grab liegt in dieser Kapelle, einem hohen Gewölbe (Rotunda) mit viel Marmor, vielen Leuchten, Kerzen und Bildern. Eine Treppe mit ausgetretenen Stufen führt nach unten, wo ein Grab von zwei Metern Länge aus dem Gestein gehauen ist. Die meisten Gräber in der damaligen Zeit waren Familiengräber, aber dies ist ein Einzelgrab. „Es war aber an der Stätte, da er gekreuzigt ward, ein Garten und im Garten ein neues Grab, in welches niemand je gelegt war. Dahin legten sie Jesus um des Rüsttages willen der Juden, weil das Grab nahe war“ (Johannes 19,41.42).

HIC FACTVM EST

57. Der Teich Bethesda

„Es ist aber zu Jerusalem bei dem Schaftor ein Teich, der heißt auf hebräisch Bethesda und hat fünf Hallen, in welchen lagen viele Kranke, Blinde, Lahme, Ausgezehrte, die warteten, wann sich das Wasser bewegte . . . Es war aber daselbst ein Mensch, der lag schon achtunddreißig Jahre krank . . . Jesus spricht zu ihm: Stehe auf, nimm dein Bett und gehe hin! Alsbald ward der Mensch gesund und nahm sein Bett und ging hin" (Johannes 5,2 ff.).

Bei der Kirche der Heiligen Anna (vgl. Bild 48) wird die Stelle des alten Teiches gezeigt. Der Name bedeutet: „Haus der Barmherzigkeit". Aus der biblischen Geschichte wird deutlich, woher der Name kommt. Ab und zu sprudelte frisches heilkräftiges Wasser aus der Quelle, doch es war nur wirksam, bevor es sich im stehenden Wasser verlor. Die Kranken mußten sich also beeilen, wenn sich das Wasser bewegte.

„Weil die frühen Mönche jeder besonderen Stelle in Jerusalem einen biblischen Namen geben wollten, heißt dieser Teich nördlich der großen Moschee der Teich Bethesda", schrieb Roberts. Es ist aber gut möglich, daß es wirklich der historische Ort ist, obwohl es sicherlich in der Altstadt auch andere Teiche gab.

58. Der Siloah-Teich

Der Siloah-Teich war ein bekanntes Wasserbecken innerhalb der Mauern Jerusalems im südlichsten Teil der Stadt. Das Wasser kam aus der Gihonquelle außerhalb der Mauern und wurde durch einen Tunnel geleitet, der durch den Felsen getrieben war und unter der Stadtmauer hindurchführte. König Hiskia hatte die Verbindung anlegen lassen, und im Jahre 1880 entdeckten zufällig einige spielende Jungen in der Mitte des Tunnels eine Inschrift. Darin wird berichtet, daß die Arbeiter auf beiden Seiten mit Ausschachten angefangen und schließlich die Klopfgeräusche der anderen gehört hätten. Über eine Länge von 533 Metern (Luftlinie 335 Meter) strömt das Wasser hinein. Man kann bis zur Hüfte im Wasser vom einen Ende des Tunnels bis zum anderen gehen.

Auf dieser Abbildung sehen wir den Eingang. 34 Steinstufen führen bis ans Wasser. Der Name der Quelle, Gihon, bedeutet „strömen". Und das Wasser strömt schon seit 2700 Jahren, dank der sinnvollen Anlage des Königs. Es gab immer Wasser in der Stadt, auch bei längeren Belagerungen.

„Und Jesus ging vorüber und sah einen, der blind geboren war . . . Er spie auf die Erde und machte einen Brei aus dem Speichel und legte den Brei auf des Blinden Augen und sprach zu ihm: Gehe hin zu dem Teich Siloah, das ist verdolmetscht: gesandt, und wasche dich. Da ging er hin und wusch sich und kam sehend" (Johannes 9,7 ff.).

Fountain of Siloam
Valley of Jehoshaphat

59. Der alte Siloah-Teich

Im Kidrontal finden wir nicht nur die Gihonquelle, sondern auch einen Teich, der einen Teil des Wassers sammelt. Man hatte eine Mauer gebaut, um das Wasser zu sammeln. Die Stelle heißt jetzt Birket-el-hamra (der rote Teich) und ist trocken. Vielleicht ist dies der alte Teich, der in Jesaja 22 im Gottesspruch über Jerusalems Leichtfertigkeit genannt wird:

„Und ihr saht, daß viele Risse in der Stadt Davids waren, und sammeltet das Wasser des unteren Teiches. Ihr zähltet auch die Häuser Jerusalems und brachet sie ab, um die Mauer zu befestigen, und machtet ein Becken zwischen beiden Mauern für das Wasser des alten Teiches. Doch ihr saht nicht auf den, der solches tut" (Jesaja 22,9–11).

Links oben sehen wir einen Teil der Stadtmauer. Wo rechts am Hügel Häuser stehen, ist heute keine Bebauung mehr zu finden, wohl aber an der Stelle, an der der Zeichner gestanden hat. Weiter hinten liegt das arabische Dorf Silwan.

60. Das Grab Sacharjas

Am Fuße des Ölbergs, im Tal Josaphat, ist dieses schöne Monument aus dem Felsen geschlagen worden, wie am Gestein ringsherum deutlich zu sehen ist. Dem Künstler gefiel der Baustil, weil sich hier griechische Schönheit mit ägyptischer Kraft vereinigte. Man kann das Grabmonument bei einem Spaziergang durch das malerische Tal heute noch genauso vorfinden. Es liegt in der Nähe des Absalommonumentes (Bild 62).

Der Prophet Sacharja trat ungefähr 500 v. Chr. auf. Nach der Rückkehr aus der babylonischen Gefangenschaft arbeitete er mit am Wiederaufbau des Tempels. Er wird manchmal „der Prophet des Advents" genannt, weil er das Kommen des Messias ankündigte. Seine atemberaubenden Visionen zeugen davon.

„Und der Geist Gottes ergriff Sacharja, den Sohn des Priesters Jojada. Der trat vor das Volk und sprach zu ihnen: So spricht Gott: Warum übertretet ihr die Gebote des Herrn, so daß ihr kein Gelingen habt? Denn ihr habt den Herrn verlassen, darum wird er euch auch verlassen. Aber sie machten eine Verschwörung gegen ihn" (2. Chronik 24,20.21).

Tomb of Zechariah Valley of Jehoshaphat

61. Hiobs Brunnen

Das Hinnomtal am Fuße des Tempelberges erstreckt sich bis zum Kidrontal. Zur Zeit der Kanaaniter war es berüchtigt wegen des Götzendienstes, der dort getrieben wurde. Die Bibel erzählt, daß von den heidnischen Priestern sogar Kinderopfer dargebracht wurden (vergleiche Jeremia 7,31 ff.).

Aus unbekannten Gründen wurde ein Brunnen in diesem Tal nach Hiob benannt, der bekannten Gestalt aus dem gleichnamigen Buch der Bibel. Er hat ganz bestimmt nicht hier gewohnt, sondern vermutlich in Aram oder Edom oder im Gebiet des Sinai. Eine Legende erzählt, daß bei diesem Brunnen während des Exils das heilige Feuer des Tempels bewahrt worden sei, bis der Wiederaufbau des Tempels durch Nehemia vollendet war. Deshalb wird auch vom Brunnen des Nehemia gesprochen.

Das biblische Buch Hiob stellt die Frage nach dem Sinn menschlichen Leidens. Hiob erfuhr das Leiden am eigenen Leibe und ging durch ein Tal der Verzweiflung, aber über den Weg der Reue und des Schuldbekenntnisses und der Gnade kam er wieder heraus. So ist das Buch Hiob eine Quelle des Trostes und des Sieges, genauso erfrischend wie dieser Brunnen im düsteren Hinnomtal.

Fountain of Job valley of Hinnom

62. Die Säule des Absalom

Im Tal zwischen Jerusalem und dem Ölberg steht ein markantes Bauwerk. Durch seine merkwürdige Form und seinen Standort fällt es von allen Seiten auf. Aus der Ferne sieht es wie ein kleiner Turm aus, aber an den Figuren sieht man, daß es ein ziemlich großes Monument ist (18 Meter hoch). Es ist ein Grabmonument mit einer Kammer in der Mitte. Obwohl es viel später gebaut wurde, wird sein Ursprung wie folgt erklärt:

„Absalom aber hatte sich eine Säule aufgerichtet, als er noch lebte; die steht im Königsgrund. Denn er sprach: Ich habe keinen Sohn, der meinen Namen lebendig erhält. Und er nannte die Säule nach seinem Namen, und sie heißt auch bis auf diesen Tag ‚Absaloms Mal'" (2. Samuel 18,18).

In früheren Jahrhunderten warfen die Vorübergehenden – sowohl Juden, als auch Christen und Moslems – Steine gegen das Monument. Die Einwohner Jerusalems brachten ihre widerspenstigen Söhne hierher, um sie zu verprügeln und auszurufen: „Schau, so geht es dir, wenn du dein Leben nicht änderst!" Absalom war also das abschreckende Beispiel. Er empörte sich gegen seinen Vater David, führte sogar einen Kampf mit ihm, riß den Thron an sich, kam aber bei einer Feldschlacht um. Als er im dichten Kampfgetümmel auf einem Maultier ritt, verfing sich sein Haar in den Zweigen eines Baumes. Vom Speer des Heerführers Joab wurde er tödlich getroffen. Das Mal erinnert an diesen Prinzen, der durch seinen Ungehorsam und seinen Hochmut so tragisch ums Leben kam.

63. Ramla, das alte Arimathia

Die Stadt Ramla liegt in der Nähe von Lod, dem internationalen Flughafen von Israel. Der große Turm (30 Meter hoch) steht heute noch. Er wurde im vierzehnten Jahrhundert als Minarett einer großen Moschee gebaut. Gleichzeitig sollte er auch als Aussichtsturm dienen. Der Besucher kann nun die Aussicht von der Plattform genießen, wenn er die Mühe nicht scheut, 119 Treppenstufen hochzuklettern! Ganz deutlich ist auf dem Bild aber auch eine Kirche zu sehen. Offensichtlich hat sie dort gestanden, obwohl jetzt nur noch die Ruinen einer Karawanserei zu sehen sind mit großen unterirdischen Gewölben, den Wasserbehältern.

Die Stadt, die wir hier sehen, ist im Jahre 716 n. Chr. von den Arabern gegründet worden. Vorher lag hier möglicherweise das biblische Arimathia. Ein Kloster erinnert daran: das Hospiz St. Nikodemus und St. Joseph von Arimathia. Es gehört Franziskanermönchen und diente einst Napoleon als Hauptquartier! In den Evangelien lesen wir:

„Danach bat den Pilatus Joseph von Arimathia, der ein Jünger Jesu war, doch heimlich aus Furcht vor den Juden, daß er den Leichnam Jesu dürfte abnehmen . . . Es kam aber auch Nikodemus, der vormals bei der Nacht zu Jesus gekommen war, und brachte Myrrhe und Aloe untereinander gemengt . . . Da nahmen sie den Leichnam Jesu und banden ihn in leinene Tücher mit den Spezereien, wie die Juden pflegen zu begraben“ (Johannes 19,38–40).

64. Ansicht Bethlehems

Bethlehem liegt nur zehn Kilometer von Jerusalem entfernt. Der Name bedeutet „Brothaus“ und geht wohl auf die fruchtbaren Äcker in der Umgebung zurück, die einen solch scharfen Kontrast zur Wüste Juda bilden, die verschwommen im Hintergrund zu sehen ist. Das Dorf liegt auf zwei Hügeln wie man hier gut sehen kann, 777 Meter über dem Meeresspiegel. Heute wohnen dort mehr als 30 000 Menschen, größtenteils Christen.

Der Ort steckt voller biblischer Erinnerungen. Es ist die Vaterstadt Davids, der als Hirtenknabe durch diese Felder zog. Aber es ist vor allem der Ort, an dem Jesus geboren wurde, wie der große Prophet Micha vorhersagte: „Und du, Bethlehem Ephrata, die du klein bist unter den Städten in Juda, aus dir soll mir der kommen, der in Israel Herr sei, dessen Ausgang von Anfang und Ewigkeit her gewesen ist“ (Micha 5,1).

„Da machte sich auf auch Joseph aus Galiläa, aus der Stadt Nazareth, in das jüdische Land zur Stadt Davids, die da heißt Bethlehem, darum daß er von dem Hause und Geschlecht Davids war, auf daß er sich schätzen ließe mit Maria, seinem vertrauten Weibe, die war schwanger. Und als sie daselbst waren, kam die Zeit, daß sie gebären sollte. Und sie gebar ihren ersten Sohn und wickelte ihn in Windeln und legte ihn in eine Krippe; denn sie hatten sonst keinen Raum in der Herberge“ (Lukas 2,4–7).

Die Geburtskirche mit der Geburtsgrotte ist der meistbesuchte Ort in Bethlehem. Roberts' Bild vermittelt noch mehr von biblischer Atmosphäre als das heutige Bethlehem.

65. Die Geburtskirche in Bethlehem

Die Geburtskirche ist wie eine Zitadelle über der Grotte errichtet worden, in der Jesus geboren sein soll. Die Basilika ist im vierten Jahrhundert gestiftet worden und durch die Jahrhunderte gut erhalten geblieben, wenn auch vieles verändert und hinzugefügt wurde, vor allem, als die Kreuzritter im 12. Jahrhundert anfingen, alles umzugestalten. David Roberts schrieb auf sein Bild „Kirche St. Helena", denn die Mutter Kaiser Konstantins hatte im Jahre 326 den Auftrag gegeben, diese Kirche zu bauen. Es ist die älteste noch existierende Kirche.

Man tritt durch eine niedrige Öffnung ein, weil der Haupteingang schon vor längerer Zeit zugemauert wurde, um einen Einsturz zu vermeiden. Vier Säulenreihen aus rötlichem Stein tragen das Dach. Sie sind mit Bildern von biblischen Heiligen versehen, wie die Lithographie zeigt. Das Obergesims der Säulen war früher mit Mosaiken und griechischen Inschriften aus dem zwölften Jahrhundert verziert, doch schon zu Roberts' Zeit war viel davon verlorengegangen. Das hohe Dach war früher mit Blei gedeckt, aber das brauchten die Türken im siebzehnten Jahrhundert für Kugeln! Im Fußboden hat man ein Mosaik gefunden mit dem griechischen Wort „ichthys", das „Fisch" bedeutet. Die Buchstaben bilden gleichzeitig die Anfangsbuchstaben der griechischen Worte „Jesus Christus, Gottes Sohn, Erlöser".

Die Silhouette von Bethlehem wird beherrscht von Kirchen. Außer der Geburtskirche, die von der griechisch-orthodoxen und der armenisch-orthodoxen Gemeinde verwaltet wird, gibt es noch die lateinische St. Katharina-Kirche, die lutherische Kirche und die griechisch-katholische Kirche. Dazwischen ragt noch das Minarett der Moschee empor, denn es gibt auch eine kleine Minderheit von Moslems in Bethlehem.

66. Die Geburtsgrotte in Bethlehem

„Hic de Virgine Maria Jesus Christus Natus est" – „Hier wurde Jesus Christus von der Jungfrau Maria geboren". Das steht in der Grotte, in der die Geburt möglicherweise stattgefunden hat. Der „Stall" der Herberge in Bethlehem könnte in der Tat eine solche Grotte gewesen sein.

Was wir auf dem Bild sehen, ist seitdem nahezu unverändert geblieben. Die genaue Stelle, an der Maria ihr Kind zur Welt gebracht hat, ist angeblich die niedrige Nische links, in der fünfzehn Lampen hängen, gestiftet von fünfzehn verschiedenen christlichen Gruppierungen. Im Marmorfußboden ist ein Strahlenkranz eingelassen, um die Stelle noch genauer anzugeben. Auf dem Gemälde darüber knien die Weisen anbetend vor Mutter und Kind.

Ein paar Stufen führen zu einem separaten Gewölbe, der „Kapelle der Krippe". Roberts erwähnt, daß es sich nicht um die Originalkrippe handele, denn die sei, wie die Italiener behaupten, nach Rom gebracht worden. Es gibt noch ähnliche merkwürdige Geschichten. So etwa über die Milchgrotte, in der Maria mit ihrem Kind Zuflucht suchte und beim Stillen ihres Kindes etwas Milch auf den Boden fallen ließ! Einen besseren Eindruck vom Weihnachtsgeschehen bekommt man zweifellos, wenn man die Felder bei Bethlehem durchstreift und dabei an die Worte aus Lukas 2 denkt:

„Und es waren Hirten in derselben Gegend auf dem Felde bei den Herden, die hüteten des Nachts ihrer Herde. Und siehe, des Herrn Engel trat zu ihnen, und die Klarheit des Herrn leuchtete um sie . . . Und der Engel sprach zu ihnen: . . . Siehe, ich verkündige euch große Freude, die allem Volk widerfahren wird; denn euch ist heute der Heiland geboren, welcher ist Christus, der Herr, in der Stadt Davids" (Lukas 2,8 ff.).

Shrine of the Nativity.
Bethlehem April 6th 1839

67. Das Dorf Bethanien

Das Dorf Bethanien liegt in der Nähe von Jerusalem, auf der anderen Seite des Ölbergs. Der arabische Name lautet El-'Azarije. Darin klingt der Name des Lazarus an, der ein Freund Jesu war. Er wohnte mit seinen Schwestern Maria und Martha hier in Bethanien.

Roberts beschrieb ein kleines Gebäude, in dem eine Treppe mit 26 Stufen zum Grab des Lazarus hinunterführte. Das Haus steht immer noch. Man gelangt dann in ein kleines Zimmer mit Nischen, in die die Toten gelegt wurden. Heute steht in Bethanien auch eine große „Lazaruskirche". Über dem Altar stehen die Worte, die Jesus in diesem Dorf beim Grab des Lazarus gesprochen hat: „Ich bin die Auferstehung und das Leben." Auf einem Wandgemälde sieht man die Szene, die Johannes (in Kapitel 11) folgendermaßen erzählt:

„Da kam Jesus und fand ihn schon vier Tage im Grab liegen ... Da ergrimmte Jesus abermals in sich selbst und kam zum Grabe. Es war aber eine Höhle, und ein Stein davor gelegt. Jesus sprach: Hebt den Stein weg! ... Jesus aber hob seine Augen empor und sprach: Vater, ich danke dir, daß du mich erhört hast ... Da er das gesagt hatte, rief er mit lauter Stimme: Lazarus komm heraus! Und der Verstorbene kam heraus ..." (Johannes 11,17 ff.).

68. Rundblick auf Jerusalem

Am Ende unserer Rundreise durch biblische Länder noch ein letzter Blick auf Jerusalem! Von der Straße nach Bethanien aus sehen wir die heilige Stadt, die auf vielen Hügeln liegt. In der Mitte glänzt auf dem Berg Moria die Omarmoschee und links davon die El Aksa-Moschee. Etwas höher und weiter links liegt der Berg Zion mit der Stadt Davids, der Zitadelle. Im Vordergrund das Tal, durch das der Kidron strömt. Noch weiter vorn knien Pilger zum Gebet, mit dem Gesicht in Richtung Jerusalem, der heiligen Stadt der Juden, Christen und Moslems.

Roberts hat die Zeichnung auf dem Ölberg gemacht. Dieser Name kommt in der Bibel oft vor und wird einmal als die „Höhe wo man Gott anzubeten pflegte" (2. Samuel 15,32) bezeichnet. Aus dem Neuen Testament wissen wir, daß Jesus oft hier betete. Von hier aus zog er in Jerusalem ein, und vom Ölberg aus ging er auch in Gottes unsichtbare Wirklichkeit zurück. Bei dieser Gelegenheit wurde den Jüngern gesagt: „Dieser Jesus, welcher von euch ist aufgenommen gen Himmel, wird so kommen, wie ihr ihn habt gen Himmel fahren sehen" (Apostelgeschichte 1, 11).

Leben und Werk des David Roberts

Wer war der Meister, von dem diese großartigen Zeichnungen stammen? Sein Name ist fast in Vergessenheit geraten, obwohl zwei andere Namen der romantischen viktorianischen Schule, Turner und Stanfield, immer bekannt geblieben sind. Zu seiner Zeit war David Roberts genauso berühmt, wenn nicht berühmter. Der schottische Künstler war in ganz England bekannt, und auch in Europa und in den Vereinigten Staaten sprach man von ihm. Er zog skizzierend durch seine Heimat Schottland, durch England, durch ganz Europa (Florenz, Rom, Mailand, Venedig, Livorno, Pisa, Neapel, Genua, Wien, Prag, Graz, Sevilla, Cordoba, Granada, dann Tanger, Antwerpen, Brüssel, Brügge, Gent). Er pilgerte zu allen Orten der Schönheit und Kunst und richtete seine Aufmerksamkeit vor allem auf die Architektur. Er fand Brügge „die interessanteste aller alten Städte, so ganz anders als alle anderen Städte mit Kathedralen, daß ich mich fast zum Papsttum bekehren könnte." Er genoß alles, was er sah und malte, so intensiv, daß er immer wieder „die schönste Stadt" und „das schönste Bauwerk" sah!

David Roberts (1796–1864) wurde als Sohn eines Schuhmachers geboren. Er war einige Zeit Hausmaler und arbeitete später als Dekorationsmaler bei einem Zirkus. Inzwischen brachte er sich selbst die Kunst des Zeichnens und Malens bei. Sein Talent war unverkennbar und entwickelte sich schnell und gut. Die Anerkennung blieb nicht aus, und er wurde Mitglied der Royal Academy, eine Auszeichnung, die auf jedem Bild hinter seinem Namen prangt, auch auf den Zeichnungen dieses Buches. Das war damals üblich. Er war befreundet mit dem Autor Charles Dickens und bewegte sich in allen kulturellen Kreisen.

Höhepunkt seines Lebens und seiner Arbeit war seine große Reise durch den Nahen Osten in den Jahren 1838 und 1839. Er war 42 Jahre alt, als er aufbrach. Das war damals keine Vergnügungsreise! Aus seinen Tagebüchern wissen wir, wie vielen Gefahren und Entbehrungen er trotzte, wie Hitze und Ungeziefer ihn quälten. Das Schiff, mit dem er auf dem Nil fuhr, mußte einmal zum Sinken gebracht werden, um es von allen Ratten zu befreien! Vor seinen Augen wurde ein Esel von einer Hyäne zerrissen. Sein Zelt wurde eines Nachts von einem Platzregen weggespült. Er konnte aber auch vieles genießen, vor allem Sonnenaufgänge und -untergänge, die er „die herrlichsten der Welt" nannte. Auch ließ er sich zuweilen ein türkisches Bad gefallen.

Seine liebe Mühe hatte er mit seinen Begleitern, etwa den hundert Beduinen, die ihn von Ägypten nach Akaba begleiteten, quer durch die Sinaiwüste; oder mit den Arabern, die ihn mit einer ganzen Karawane von Akaba nach Petra begleiteten. Das lag zum Teil an Verständigungsschwierigkeiten. In Kairo verkleidete Roberts sich als Araber, um die moslemischen Heiligtümer zeichnen zu können. Vom Anfang bis zum Ende der Reise war er beseelt (besser gesagt: besessen) von seiner Arbeit. Unermüdlich skizzierte er Bauwerke des Altertums. Er kam nach Hause mit dreihundert Skizzen, die so präzise und fachgerecht waren, daß er sie in seinem Atelier in kurzer Zeit ausarbeiten konnte. Ägyptologen und Kunsthistoriker loben heute die Genauigkeit, mit der er sogar architektonische Einzelheiten und Skulpturen festgehalten hat. Sein Werk vermittelt uns ein zuverlässiges Bild von den Monumenten und Landschaften des neunzehnten Jahrhunderts.

Die Zeichnungen aus Ägypten und dem Heiligen Land sind zwischen 1842 und 1849 in sechs prachtvollen Foliobüchern erschienen. Die Lithographien wurden von dem Belgier Louis Haghe angefertigt. Für die Luxusausgabe wurden die Bilder von Hand koloriert. Es ist nicht bekannt, wieviele Exemplare diese Ausgabe umfaßte, aber die Abbildungen in unserem Buch sind dieser Luxusausgabe entnommen. Die zwei ersten Ausgaben hatten eine Auflage von insgesamt 600 Exemplaren. Zwischen 1855 und 1858 sind noch drei weitere Ausgaben erschienen, zwar komplett, aber in einem kleineren Format. Und nun diese Ausgabe der Zeichnungen der biblischen Länder, damit viele die romantische Schönheit dieser Meisterwerke wieder genießen können.

S.v.d.L.

Inhalt